शुद्धि और शक्ति

आत्मिक ऊर्जा उपचार का रहस्य

डॉ. मीनाक्षी बंसल

Made with ♥ on the Notion Press Platform
www.notionpress.com

|| समस्त संसार के ज्ञान-प्रेमियों को समर्पित ||

जो सत्य की खोज में, ज्ञान की राह पर अग्रसर हैं।
जिनकी जिज्ञासा कभी थमती नहीं, और जिनका उद्देश्य केवल आत्मविकास ही
नहीं, बल्कि संसार के कल्याण का भी है—यह कृति उन सभी साधकों को सादर
अर्पित है।

क्रम-सूची

क्रम-सूची

क्रम-सूची

प्रार्थना

ओम भद्रं कर्णेभिः श्रृणुयाम देवाः।
भद्रं पश्येमाक्षभिर्यजत्राः।
स्थिरैरंगैस्तुष्टुवांसस्तनूभिः।
व्यशेम देवहितं यदायुः।
स्वस्ति न इंद्रो वृद्धश्रवाः।
स्वस्ति नः पूषा विश्ववेदाः।
स्वस्ति नस्ताक्ष्यों अरिष्टनेमिः।
स्वस्ति नो बृहस्पतिर्दधातु।
ओम शांतिः शांतिः शांतिः।

यह मंत्र सार्वभौमिक कल्याण के लिए प्रार्थना है। इसमें विभिन्न देवताओं से सुरक्षा, स्वास्थ्य और सुख के लिए आशीर्वाद की याचना की गई है। यह मंत्र सभी इंद्रियों से शुभ का अनुभव करने और दिव्य उद्देश्य के साथ जीवन जीने के महत्व को रेखांकित करता है।

इंद्र, पूषा, ताक्ष्र्य (गरुड़) और बृहस्पति की कृपा से यह प्रार्थना जीवन में कल्याण और शांति की कामना करती है। अंत में " ओम शांतिः शांतिः शांतिः" तीन बार दोहराने का अर्थ है - व्यक्तिगत, पर्यावरणीय, और वैश्विक स्तर पर शांति की गहन कामना। यह मंत्र शांति, समृद्धि और सभी प्राणियों के शारीरिक एवं आध्यात्मिक कल्याण के लिए पाठ किया जाता है।

लेखिका के बारे में-

डॉ. मीनाक्षी बंसल, जो भारत की राजधानी दिल्ली में जन्मीं, ने अपनी ज़िंदगी कला, शिक्षा, और समाज कल्याण के प्रति गहरी प्रतिबद्धता के साथ बिताई है। विवाह के बाद, उन्होंने अहमदाबाद, गुजरात को अपना नया निवास स्थान बनाया, जहाँ वे प्रेरणा का स्रोत बनकर उभरीं। डॉ. मीनाक्षी न केवल ललित कला की कुशल कलाकार हैं, बल्कि एक प्रतिष्ठित लेखिका, समर्पित समाजसेविका और मनोविज्ञान की विद्वान शोधकर्ता भी हैं। उनका जीवन, विशेष रूप से समाज के वंचित और पिछड़े बच्चों के उत्थान के प्रति समर्पण, सहभागिता और सहानुभूति की शक्ति में उनके गहरे विश्वास का परिचायक है।

अपने प्रारंभिक दिनों से ही मीनाक्षी ने पढ़ने के प्रति एक अदम्य लगन दिखाई। उनके साहित्यिक संसार में नैतिक कहानियाँ, प्रेरणादायक कथाएँ, और जीवन पाठों से परिपूर्ण पौराणिक गाथाएँ शामिल थीं। यह पढ़ने की आदत केवल व्यक्तिगत विकास के लिए नहीं थी, बल्कि छात्रों और सहकर्मियों के विकास के लिए इन कहानियों के सार को साझा करने की इच्छा से प्रेरित थी। वे विशेष रूप से आदि शंकराचार्य, स्वामी विवेकानंद, डॉ. एपीजे अब्दुल कलाम, महामना पंडित मदन मोहन मालवीय, महात्मा गांधी, सरदार वल्लभभाई पटेल, और विनोबा भावे जैसे ऐतिहासिक और आध्यात्मिक नेताओं के जीवन और शिक्षाओं से प्रभावित थीं। उनके विचार और जीवन कथाएँ मीनाक्षी को दृढ़ता, निःस्वार्थता और ज्ञान की खोज के आदर्शों को अपनाने के लिए प्रेरित करती रहीं।

डॉ. मीनाक्षी का मनोविज्ञान में शैक्षणिक और व्यावहारिक योगदान भी उल्लेखनीय है। एक शोधकर्ता के रूप में, उनका ध्यान मानव मन की जटिलता को समझने और मनोवैज्ञानिक कल्याण और सामाजिक समरसता के लिए संभावनाओं को उजागर करने पर केंद्रित रहा है। उनके सामाजिक कार्यों में, वे अपने अकादमिक ज्ञान को समाज के वंचित वर्गों के जीवन में वास्तविक परिवर्तन लाने के लिए उपयोग करती हैं। उनका समाज सेवा का दृष्टिकोण पारंपरिक ज्ञान और आधुनिक मनोवैज्ञानिक पद्धतियों का अनूठा संयोजन है, जो समाज के बहुआयामी मुद्दों का समाधान करता है।

उनकी कलात्मक प्रतिभाएँ, जो उनके विविध कौशल का एक और पहलू हैं, केवल व्यक्तिगत रुचि तक सीमित नहीं हैं। उनकी कला प्रतीकात्मकता और भावनात्मक गहराई से भरपूर होती है, जो उनके दार्शनिक विचारों और सामाजिक चिंताओं को व्यक्त करती है। उनकी रचनाएँ दर्शकों को उनके बुद्धिमत्ता और करुणा की गहराई में झांकने का अवसर प्रदान करती हैं।

कला और समाज विज्ञान के अतिरिक्त, डॉ. मीनाक्षी ने प्राणिक हीलिंग की उपचार कला में भी महारत हासिल की है, जिसे मास्टर चोआ कोक सुई ने विकसित किया था। यह पद्धति, जो शरीर और आभा को ठीक करने के लिए प्राण या जीवन ऊर्जा के उपयोग पर केंद्रित है, न केवल उनके लिए एक व्यक्तिगत खोज रही है, बल्कि दूसरों को उपचार प्रदान करने का एक माध्यम भी है। प्राणिक हीलिंग में उनकी दक्षता विभिन्न प्रकार के ध्यान सिखाने और अभ्यास के साथ पूरी होती है, जो व्यक्तियों और समुदायों में पुनरुत्थान, व्यक्तिगत विकास और समरसता के संवर्धन पर केंद्रित है।

डॉ. मीनाक्षी का जीवन केवल व्यक्तिगत उपलब्धियों की खोज नहीं है, बल्कि समाज के उत्थान और सशक्तिकरण के प्रति समर्पित एक यात्रा है। उनकी विविध रुचियाँ और प्रतिभाएँ—कला, साहित्य, मनोविज्ञान, और उपचार पद्धतियों को जोड़ती हुई—सेवा के एकमात्र पथ पर केंद्रित हैं। वे उन महान हस्तियों की भावना को आत्मसात करती हैं, जिन्होंने उन्हें प्रेरित किया, और अपने कार्यों और शिक्षाओं के माध्यम से उनकी विरासत को आगे बढ़ाती हैं। अपनी पुस्तकों, कला और सामाजिक पहलों के माध्यम से, वे नई पीढ़ी को आत्म-खोज, दृढ़ता और निःस्वार्थता की यात्रा पर चलने के लिए प्रेरित करती हैं।

समाज कल्याण के प्रति उनकी प्रतिबद्धता, विशेष रूप से वंचित बच्चों के उत्थान पर ध्यान केंद्रित करना, शिक्षा और व्यक्तिगत विकास की परिवर्तनकारी क्षमता की उनकी गहरी समझ को दर्शाती है। मनोविज्ञान, कलात्मक संवेदनशीलता और उपचार पद्धतियों के ज्ञान को जोड़कर, डॉ. बंसल ने एक समग्र दृष्टिकोण विकसित किया है जो न केवल तात्कालिक आवश्यकताओं बल्कि समुदायों की दीर्घकालिक भलाई को भी संबोधित करता है।

एक लेखिका के रूप में, डॉ. मीनाक्षी की रचनाएँ प्रेरणादायक अंतर्दृष्टियों,

व्यावहारिक ज्ञान और उनके विस्तृत अध्ययन और जीवन के अनुभवों से लिए गए चिंतनशील विचारों का मिश्रण प्रस्तुत करती हैं। उनकी पुस्तकें उन लोगों के लिए मार्गदर्शिका के रूप में कार्य करती हैं, जो जीवन की जटिलताओं को अनुग्रह, दृढ़ता और उद्देश्य के साथ नेविगेट करना चाहते हैं। अपनी कहानियों के माध्यम से, वे अपने पाठकों को अपने भीतर की गहराइयों का पता लगाने और समाज की सामूहिक भलाई में अर्थपूर्ण योगदान देने के लिए आमंत्रित करती हैं।

डॉ. मीनाक्षी बंसल में हमें एक अद्वितीय कलाकार, विद्वान, उपचारकर्ता और सामाजिक कार्यकर्ता का अद्भुत समन्वय मिलता है। उनका जीवन कार्य आशा का प्रतीक और दुनिया में बदलाव लाने की इच्छा रखने वाले व्यक्तियों के लिए प्रेरणा का स्रोत है। उनकी कहानी सहानुभूति और मानवता की भलाई के प्रति गहरी प्रतिबद्धता से प्रेरित व्यक्तिगत प्रयासों की शक्ति की एक प्रेरक याद दिलाती है। डॉ. मीनाक्षी की विरासत केवल उनके प्रयासों के ठोस परिणामों में नहीं है, बल्कि उस स्थायी जिज्ञासा, सहानुभूति और सेवा की भावना में है, जिसे वे प्रतिपादित करती हैं।

प्रस्तावना

मानव अस्तित्व के ताने-बाने में, उपचार, संपूर्णता और स्वयं से परे किसी महान शक्ति से जुड़ने की गहरी लालसा सदियों से बुनी जाती रही है। हम दर्द के समय में सांत्वना, भ्रम के क्षणों में मार्गदर्शन, और जीवन के रहस्यों को गहराई से समझने की खोज करते हैं। इस पुस्तक में, मैं आपको ऊर्जा चिकित्सा के क्षेत्र में एक खोज और अन्वेषण की यात्रा पर आमंत्रित करती हूं, जो एक प्राचीन लेकिन निरंतर विकसित होता हुआ क्षेत्र है, जो उपचार के स्वरूप और सृष्टि के जीवन-शक्ति प्रवाह के प्रति हमारी अंतर्निहित क्षमता को समझने की गहरी दृष्टि प्रदान करता है।

मेरी अपनी ऊर्जा चिकित्सा की यात्रा एक व्यक्तिगत उपचार की खोज से शुरू हुई। कुछ साल पहले, मैं लगातार दर्द, थकान और अपने शरीर और आत्मा से जुड़ाव की कमी से जूझ रही थी। पारंपरिक चिकित्सा ने अस्थायी राहत दी, लेकिन यह मेरी बीमारियों के मूल कारणों का समाधान करने में विफल रही। गहरे उपचार की खोज में, मैं ऊर्जा चिकित्सा की दुनिया से रूबरू हुई, और ऐसा लगा जैसे मेरे भीतर एक प्रकाश जल उठा।

अपने अध्ययन और व्यक्तिगत अनुभवों के माध्यम से, मैंने खोजा कि हम केवल भौतिक प्राणी नहीं हैं, बल्कि ऊर्जात्मक प्राणी भी हैं। हमारे शरीर जटिल ऊर्जा प्रणालियां हैं, जो पर्यावरण और एक-दूसरे के साथ लगातार संवाद करती हैं। जब यह ऊर्जा प्रवाह बाधित या अवरुद्ध होता है, तो यह शारीरिक या भावनात्मक अस्वस्थता के रूप में प्रकट हो सकता है। ऊर्जा चिकित्सा हमारी ऊर्जा प्रणालियों में संतुलन और सामंजस्य बहाल करने का एक तरीका प्रदान करती है, जिससे शारीरिक, भावनात्मक, मानसिक और आध्यात्मिक सभी स्तरों पर उपचार को प्रोत्साहन मिलता है।

इस पुस्तक में, मैंने ऊर्जा चिकित्सा का अध्ययन और अभ्यास करते हुए कई वर्षों में प्राप्त ज्ञान और अंतर्दृष्टियों को संक्षेप में प्रस्तुत किया है। मैंने प्राचीन परंपराओं, आधुनिक विज्ञान, और अपने व्यक्तिगत अनुभवों से प्रेरणा लेकर एक व्यापक मार्गदर्शिका तैयार की है, जो आपको अपनी उपचार क्षमता को जागृत

करने और आपके भीतर स्थित असीम उपचार स्रोत से जुड़ने के लिए सशक्त बनाएगी।

यह पुस्तक पेशेवर चिकित्सा सलाह या उपचार का विकल्प बनने के लिए नहीं है। बल्कि, यह एक सहायक संसाधन है, जो आपकी उपचार यात्रा का समर्थन कर सकता है और आपको अपनी भलाई की जिम्मेदारी लेने के लिए सशक्त बना सकता है। यदि आपको कोई स्वास्थ्य समस्या है, तो योग्य स्वास्थ्य देखभाल विशेषज्ञ से परामर्श करना आवश्यक है।

इस पुस्तक में, आप ऊर्जा चिकित्सा के मूलभूत सिद्धांतों का अन्वेषण करेंगे, जिनमें ऊर्जा का स्वभाव, शरीर की विभिन्न ऊर्जा प्रणालियां, और अवरोधों को साफ करने, ऊर्जा प्रवाह को संतुलित करने और उपचार को प्रोत्साहित करने के विभिन्न तकनीकें शामिल हैं। आप इरादे की शक्ति, आधारभूतता और केंद्रित रहने के महत्व, और उपचार प्रक्रिया में अंतर्ज्ञान की भूमिका के बारे में जानेंगे।

आप विशेष ऊर्जा उपचार विधियों जैसे कि रेकी, चिकित्सीय स्पर्श, और हीलिंग टच में भी गहराई से उतरेंगे, और यह जानेंगे कि आप इन तकनीकों का उपयोग स्वयं को और दूसरों को ठीक करने के लिए कैसे कर सकते हैं। आप हीलिंग में क्रिस्टल और रत्नों के उपयोग के बारे में जानेंगे, नकारात्मक ऊर्जा से स्वयं की रक्षा करने के तरीके सीखेंगे, और ऊर्जा तथा हमारी भावनाओं, अंतर्ज्ञान और आत्मा के बीच के गहरे संबंध को समझेंगे।

इस पुस्तक में, आप प्रकृति की उपचार शक्ति के बारे में भी जानेंगे और भलाई को बढ़ावा देने के लिए पृथ्वी की ऊर्जा से जुड़ने का तरीका सीखेंगे। आप ऊर्जा और कर्म के बीच के संबंध का अन्वेषण करेंगे, कारण और प्रभाव के नियम को समझेंगे, और यह जानेंगे कि यह हमारे अनुभवों और भाग्य को कैसे आकार देता है।

चाहे आप ऊर्जा चिकित्सा में अनुभवी हों या इस क्षेत्र में नए हों, यह पुस्तक आपकी उपचार यात्रा का समर्थन करने के लिए मूल्यवान अंतर्दृष्टि, व्यावहारिक उपकरण, और प्रेरणादायक कहानियां प्रदान करेगी। मेरी आशा है कि यह पुस्तक आपको आपकी अंतर्निहित उपचार क्षमता को जागृत करने, स्वयं और दूसरों के साथ अपने संबंध को गहरा करने, और अधिक स्वास्थ्य, खुशी और पूर्णता से भरा

जीवन बनाने के लिए सशक्त बनाएगी।

उपचार की यात्रा एक आजीवन प्रक्रिया है, हमारे सच्ची क्षमता के सतत प्रस्फुटन का एक निरंतर क्रम। यह एक यात्रा है जो साहस, प्रतिबद्धता, और अज्ञात को अपनाने की इच्छा की मांग करती है। लेकिन इसके पुरस्कार असीमित हैं। जब हम अपनी अंतर्निहित उपचार क्षमताओं के प्रति जागते हैं, तो हम न केवल अपने जीवन को बदलते हैं बल्कि दूसरों और हमारे आस-पास की दुनिया के उपचार में भी योगदान देते हैं। हम प्रकाश के दीपक बन जाते हैं, जहां भी जाते हैं, प्रेम, करुणा, और उपचार ऊर्जा का संचार करते हैं।

इस पुस्तक में, मैं आपको इस खोज यात्रा में शामिल होने, ऊर्जा चिकित्सा की शक्ति को अपनाने, और अपने भीतर के उपचारकर्ता को जागृत करने के लिए आमंत्रित करती हूं। मेरी कामना है कि यह पुस्तक आपकी उपचार और परिवर्तन की यात्रा में प्रेरणा, मार्गदर्शन, और समर्थन का स्रोत बने।

डॉ. मीनाक्षी बंसल
सामाजिक कार्यकर्ता
अहमदाबाद, गुजरात, भारत

1

ऊर्जा का सार: हमारे स्वरूप को आकार देने वाली अदृश्य शक्तियों का अनावरण

अस्तित्व के ताने-बाने में, ऊर्जा वह जीवंत धागा है जो दृश्य और अदृश्य, ठोस और अमूर्त को आपस में जोड़ता है। यह वह जीवनधारा है जो प्रत्येक परमाणु, प्रत्येक कोशिका, प्रत्येक जीवित प्राणी, और यहां तक कि विशाल ब्रह्मांड के माध्यम से बहती है। ऊर्जा केवल एक वैज्ञानिक अवधारणा नहीं है; यह एक मौलिक सत्य है जो हमारी वास्तविकता को आधार प्रदान करती है, हमारे अनुभवों, हमारे संबंधों, और हमारे स्वयं के अस्तित्व को आकार देती है।

अपने मूल रूप में, ऊर्जा एक गतिशील शक्ति है, एक कंपन, एक आवृत्ति जो पूरे ब्रह्मांड में गूंजती है। यह भौतिक स्वरूप तक सीमित नहीं है बल्कि अनेक अवस्थाओं में अस्तित्व रखती है, सबसे सूक्ष्म फुसफुसाहटों से लेकर सबसे शक्तिशाली गर्जन तक। ऊर्जा की यह अदृश्य दुनिया अनंत संभावनाओं का क्षेत्र है, जहां भौतिकी के नियम चेतना के रहस्यों के साथ जुड़ते हैं। यह वह क्षेत्र है जहां विज्ञान और आध्यात्मिकता मिलते हैं, जहां प्राचीन ज्ञान आधुनिक खोजों में पुष्टि पाता है।

मानव शरीर में, ऊर्जा जटिल मार्गों के माध्यम से प्रवाहित होती है, जिन्हें मेरिडियन कहा जाता है, और ये हर अंग, हर ऊतक, हर कोशिका से जुड़े होते हैं। यह जीवनशक्ति, जिसे अक्सर "ची" या "प्राण" कहा जाता है, हमारे भौतिक रूप को जीवंत बनाती है, हमारे विचारों, भावनाओं, और कार्यों को प्रेरित करती है। यह हमारी सृजनात्मकता को प्रज्वलित करने वाली चिंगारी है, हमारे जुनून को शक्ति देने वाला ईंधन है, और हमारी जीवंतता का स्रोत है। जब यह ऊर्जा स्वतंत्र और सामंजस्यपूर्ण रूप से प्रवाहित होती है, तो हम जीवंत स्वास्थ्य, भावनात्मक संतुलन, और आध्यात्मिक कल्याण का अनुभव करते हैं। हालांकि, जब इस प्रवाह में रुकावट या अवरोध उत्पन्न होता है, तो हमें शारीरिक बीमारियां, भावनात्मक संकट, या आध्यात्मिक अलगाव का सामना करना पड़ सकता है।

हमारा ऊर्जात्मक क्षेत्र, जिसे अक्सर हमारे "आभामंडल" के रूप में संदर्भित किया जाता है, हमारे भौतिक शरीर से परे फैलता है, एक चमकदार कोकून की तरह बाहर की ओर विकिरण करता है। यह क्षेत्र दूसरों की ऊर्जा, पर्यावरण, और यहां तक कि ब्रह्मांड के साथ भी संवाद करता है। यह हमारे आंतरिक अवस्था का प्रतिबिंब है, हमारे विचारों, भावनाओं, और अनुभवों की छाप को वहन करता है। हमारा आभामंडल केवल एक स्थिर क्षेत्र नहीं है; यह एक गतिशील इकाई है जो हमारे पर्यावरण और हमारे इरादों के प्रति प्रतिक्रिया करती है। सचेत जागरूकता और इरादित अभ्यास के माध्यम से, हम एक जीवंत और संतुलित आभामंडल को पोषित करना सीख सकते हैं, जो स्वास्थ्य, सकारात्मकता, और कल्याण का विकिरण करता है।

हमारे व्यक्तिगत ऊर्जात्मक क्षेत्रों से परे, एक विशाल परस्पर जुड़े ऊर्जा का जाल मौजूद है जो संपूर्ण सृष्टि में व्याप्त है। इस ब्रह्मांडीय जाल को कभी-कभी "आकाशिक क्षेत्र" या "सामूहिक अवचेतन" कहा जाता है, और यह उन सभी की स्मृति को संजोता है जो कभी हुए हैं और जो कभी होंगे। यह अनंत ज्ञान और संभावनाओं का क्षेत्र है, जहां हम मानवता और स्वयं ब्रह्मांड के सामूहिक चेतना से जुड़ सकते हैं। इस ब्रह्मांडीय जाल के साथ खुद को संरेखित करके, हम गहरी अंतर्दृष्टि, मार्गदर्शन, और उपचार तक पहुंच सकते हैं।

ऊर्जा चिकित्सा का अध्ययन इस अदृश्य दुनिया की शक्ति को समझने और उसे कल्याण और उपचार को बढ़ावा देने के लिए उपयोग करने का प्रयास करता है।

यह मान्यता देता है कि हम केवल भौतिक प्राणी नहीं हैं बल्कि ऊर्जात्मक प्राणी भी हैं। यह स्वीकार करता है कि हमारे विचार, भावनाएं, और विश्वास हमारे ऊर्जात्मक अवस्था पर सीधा प्रभाव डालते हैं और परिणामस्वरूप, हमारे शारीरिक स्वास्थ्य पर भी। रेकी, एक्यूपंक्चर, ध्वनि चिकित्सा, और क्रिस्टल चिकित्सा जैसी विभिन्न तकनीकों के माध्यम से, ऊर्जा चिकित्सा के प्रैक्टिशनर शरीर की ऊर्जा प्रणालियों में संतुलन और सामंजस्य बहाल करने का प्रयास करते हैं, जिससे शारीरिक, भावनात्मक, मानसिक, और आध्यात्मिक सभी स्तरों पर उपचार को बढ़ावा मिलता है।

ऊर्जा चिकित्सा के क्षेत्र में, उपचारकर्ता एक माध्यम के रूप में कार्य करता है, उपचार ऊर्जा के प्रवाह को प्राप्तकर्ता तक पहुंचाने में सहायता करता है। यह ऊर्जा, चाहे वह उपचारकर्ता के अपने हाथों से, पृथ्वी से, ब्रह्मांड से, या स्रोतों के संयोजन से उत्पन्न हो, रुकावटों को साफ करने, संतुलन बहाल करने, और शरीर की अंतर्निहित उपचार प्रक्रियाओं को सक्रिय करने के लिए कार्य करती है। यह एक सहयोगात्मक प्रक्रिया है, जहां उपचारकर्ता और प्राप्तकर्ता मिलकर उपचार के लिए एक अनुकूल वातावरण बनाते हैं।

ऊर्जा चिकित्सा पारंपरिक चिकित्सा का विकल्प नहीं है बल्कि एक पूरक दृष्टिकोण है, जो पारंपरिक उपचारों के साथ मिलकर काम कर सकता है। यह स्वास्थ्य और कल्याण पर एक समग्र दृष्टिकोण प्रदान करता है, मन, शरीर, और आत्मा की परस्पर संबद्धता को पहचानता है। बीमारियों के लक्षणों को केवल दबाने के बजाय, ऊर्जा चिकित्सा उनके मूल कारणों को संबोधित करके स्थायी उपचार और परिवर्तन को बढ़ावा दे सकती है।

इष्टतम स्वास्थ्य और कल्याण की खोज में, हमारी ऊर्जात्मक प्रकृति के प्रति जागरूकता विकसित करना आवश्यक है। उन अदृश्य शक्तियों को समझकर जो हमें आकार देती हैं, हम ऊर्जा की शक्ति का उपयोग स्वयं को, अपने संबंधों, और अपनी दुनिया को ठीक करने के लिए सीख सकते हैं। हम अपनी वास्तविकता के सह-निर्माता बन सकते हैं, सचेत इरादे और संरेखित कार्यों के माध्यम से अपने अनुभवों को आकार दे सकते हैं।

"ऊर्जा अस्तित्व की जीवनधारा है, अदृश्य शक्तियों का एक जीवंत नृत्य जो हमारी वास्तविकता को आकार देता है। अपनी ऊर्जात्मक प्रकृति को अपनाएं, क्योंकि इसके भीतर गहन उपचार और परिवर्तन की संभावना निहित है।"

2

अंतर्यामी उपचारकर्ता: आपकी अंतर्निहित उपचार क्षमता को जागृत करना

हम में से प्रत्येक के भीतर एक असाधारण शक्ति निवास करती है, एक उपचार ऊर्जा का स्रोत, जो न केवल हमारे जीवन को बल्कि दूसरों के जीवन को भी रूपांतरित करने की क्षमता रखती है। यह अंतर्निहित उपचार क्षमता कुछ चुनिंदा लोगों तक सीमित नहीं है, बल्कि यह हमारी मानवीय प्रकृति का एक अभिन्न हिस्सा है। यह एक उपहार है, जो हमारे भीतर छिपा हुआ है और केवल जागृत होकर प्रकट होने की प्रतीक्षा करता है।

"अंतर्यामी उपचारकर्ता" की अवधारणा इस समझ में निहित है कि हम बाहरी उपचार शक्तियों के केवल निष्क्रिय प्राप्तकर्ता नहीं हैं, बल्कि अपने कल्याण के सक्रिय भागीदार हैं। हम उस सार्वभौमिक ऊर्जा से अलग नहीं हैं जो संपूर्ण सृष्टि में प्रवाहित होती है, बल्कि हम उसके एक अभिन्न अंग हैं। जब हम इस परस्पर जुड़ेपन को पहचानते हैं और इसे अपनाते हैं, तो हम अपने भीतर मौजूद असीम उपचार क्षमता के स्रोत को सक्रिय करते हैं।

यह अंतर्निहित उपचार क्षमता कोई रहस्यमय शक्ति नहीं है जो केवल संतों और

ऋषियों के लिए आरक्षित है, बल्कि यह एक स्वाभाविक योग्यता है जिसे सचेत जागरूकता और इरादित अभ्यास के माध्यम से विकसित और सशक्त किया जा सकता है। यह आत्म-खोज की यात्रा है, हमारे शरीर की बुद्धिमत्ता, हमारे मस्तिष्क की शक्ति, और हमारी आत्मा की गहराई को जागृत करने की प्रक्रिया है।

अंतर्यामी उपचारकर्ता को जागृत करने का पहला कदम आत्म-जागरूकता की गहरी भावना विकसित करना है। इसमें हमारे विचारों, भावनाओं, और शारीरिक संवेदनाओं पर ध्यान देना शामिल है, यह पहचानते हुए कि वे हमारे समग्र कल्याण को कैसे प्रभावित करते हैं। यह हमारी शक्तियों और कमजोरियों, हमारी प्रवृत्तियों और आदतों, और हमारे अद्वितीय उपहारों और चुनौतियों को समझने के बारे में है। जैसे-जैसे हम अपने बारे में अधिक जागरूक होते हैं, हम अपने मस्तिष्क, शरीर, और आत्मा के परस्पर जुड़ाव को देखना शुरू करते हैं, और हमें यह गहरी समझ मिलती है कि हमारे विचार और भावनाएं हमारे उपचार प्रक्रिया का समर्थन या बाधा कैसे बन सकती हैं।

आत्म-देखभाल अंतर्यामी उपचारकर्ता को जागृत करने का एक और आवश्यक पहलू है। अपनी शारीरिक, भावनात्मक, और आध्यात्मिक आवश्यकताओं का पोषण करके, हम उपचार के लिए उपजाऊ भूमि तैयार करते हैं। इसमें स्वस्थ आहार, नियमित व्यायाम, पर्याप्त नींद, तनाव प्रबंधन, और ऐसी गतिविधियों में शामिल होना शामिल हो सकता है जो हमें खुशी और पूर्णता प्रदान करती हैं। यह भी महत्वपूर्ण है कि हम स्वस्थ संबंध विकसित करें, सकारात्मक प्रभावों से घिरे रहें, और एक सहायक वातावरण बनाएं जो हमारे विकास और कल्याण को बढ़ावा दे।

जैसे-जैसे हम अपनी आत्म-जागरूकता को गहरा करते हैं और आत्म-देखभाल का अभ्यास करते हैं, हम अपने शरीर की बुद्धिमत्ता तक पहुंचना शुरू करते हैं। हमारे शरीर अविश्वसनीय रूप से बुद्धिमान हैं और आत्म-उपचार की अंतर्निहित क्षमता रखते हैं। वे संवेदनाओं, भावनाओं, और अंतर्ज्ञान के माध्यम से हमारे साथ संवाद करते हैं, हमें इष्टतम स्वास्थ्य और कल्याण के लिए आवश्यक मार्गदर्शन प्रदान करते हैं। अपने शरीर की बात सुनना सीखकर, हम अपनी उपचार प्रक्रिया में मूल्यवान अंतर्दृष्टि प्राप्त कर सकते हैं और सूचित निर्णय ले सकते हैं जो हमारे

कल्याण का समर्थन करते हैं।

हमारे मस्तिष्क की शक्ति अंतर्यामी उपचारकर्ता को जागृत करने में महत्वपूर्ण भूमिका निभाती है। हमारे विचार और विश्वास हमारे शारीरिक और भावनात्मक स्वास्थ्य पर गहरा प्रभाव डालते हैं। सकारात्मक विचारों और विश्वासों को विकसित करके, हम एक मानसिक वातावरण बनाते हैं जो उपचार के लिए अनुकूल है। इसमें पुष्टि, कल्पना, ध्यान, और माइंडफुलनेस जैसी प्रथाओं का अभ्यास करना शामिल हो सकता है। यह भी महत्वपूर्ण है कि हम नकारात्मक विचारों और विश्वासों को चुनौती दें जो हमारी उपचार प्रक्रिया में बाधा डाल सकते हैं, और उन्हें सशक्त विचारों से बदलें।

हमारी आत्मा की गहराई अंतर्यामी उपचारकर्ता को जागृत करने का एक और मुख्य पहलू है। अपनी आंतरिक बुद्धिमत्ता और अंतर्ज्ञान से जुड़कर, हम एक ऐसे मार्गदर्शन और उपचार के स्रोत तक पहुंच प्राप्त करते हैं जो भौतिक दुनिया की सीमाओं को पार करता है। इसमें प्रार्थना, ध्यान, चिंतन, या प्रकृति में समय बिताने जैसी प्रथाएं शामिल हो सकती हैं। यह जीवन के रहस्यों के प्रति आश्चर्य और विस्मय की भावना को विकसित करने और हमारे भीतर निवास करने वाली दिव्य चिंगारी को पहचानने के बारे में है।

जैसे-जैसे हम अंतर्यामी उपचारकर्ता को जागृत करते हैं, हम न केवल स्वयं को ठीक करते हैं बल्कि दूसरों और हमारे आसपास की दुनिया के उपचार में भी योगदान देते हैं। हमारी ऊर्जा, हमारी उपस्थिति, हमारे शब्द, और हमारे कार्य उन लोगों और पर्यावरण पर गहरा प्रभाव डाल सकते हैं जिनसे हम संपर्क में आते हैं। प्रेम, करुणा, और उपचार ऊर्जा का विकिरण करके, हम प्रकाश के दीपक बन जाते हैं, दूसरों को अपनी उपचार क्षमता जागृत करने के लिए प्रेरित करते हैं।

अंतर्यामी उपचारकर्ता को जागृत करने की यात्रा एक आजीवन प्रक्रिया है, हमारी सच्ची क्षमता के सतत प्रस्फुटन का एक निरंतर क्रम। यह यात्रा साहस, प्रतिबद्धता, और अज्ञात को अपनाने की इच्छा की मांग करती है। लेकिन इसके पुरस्कार असीमित हैं। जब हम अपनी अंतर्निहित उपचार क्षमता के प्रति जागते हैं, तो हम न केवल अपने जीवन को बदलते हैं बल्कि दुनिया के उपचार में भी योगदान देते हैं। हम सकारात्मक परिवर्तन के वाहक बनते हैं, एक ऐसी दुनिया का

सह-निर्माण करते हैं जो प्रेम, करुणा, और कल्याण से भरी हो।

"अंतर्यामी उपचारकर्ता कोई दूर का सपना नहीं है, बल्कि एक सुप्त शक्ति है जिसे जागृत किया जाना है। अपनी आंतरिक बुद्धिमत्ता का पोषण करें, करुणा का विकास करें, और अपनी अंतर्निहित उपचार क्षमता को उजागर करें।"

3

ऊर्जा संरचना 101: चक्र, मेरिडियन और आभामंडल का अन्वेषण

शारीरिक शरीर, जिसमें अंगों, ऊतकों और कोशिकाओं का जटिल नेटवर्क होता है, से परे हमारे अस्तित्व का एक सूक्ष्म लेकिन गहरा आयाम है: ऊर्जा संरचना। यह अदृश्य परिदृश्य आपस में जुड़े ऊर्जा केंद्रों, चैनलों और क्षेत्रों का ताना-बाना है, जो हमारे शारीरिक, भावनात्मक, मानसिक और आध्यात्मिक कल्याण को आकार देता है। इस ऊर्जा संरचना को समझना, जिसे अक्सर "सूक्ष्म शरीर" कहा जाता है, हमारे स्वास्थ्य, जीवंतता, और आध्यात्मिक विकास की पूरी क्षमता को खोलने की कुंजी है।

इस ऊर्जा संरचना के केंद्र में चक्र हैं, ऊर्जा के घूमने वाले भंवर जो रीढ़ के आधार से लेकर सिर के शिखर तक फैले होते हैं। प्रत्येक चक्र हमारे अस्तित्व के विशिष्ट शारीरिक, भावनात्मक और आध्यात्मिक पहलुओं से जुड़ा होता है। रीढ़ के आधार पर स्थित मूलाधार चक्र हमारी नींव है, जो हमें पृथ्वी से जोड़ता है और सुरक्षा और स्थिरता का अनुभव प्रदान करता है। नाभि के नीचे स्थित स्वाधिष्ठान चक्र हमारी सृजनशीलता, कामुकता और भावनात्मक कल्याण को नियंत्रित करता है। पेट के ऊपरी भाग में स्थित मणिपुर चक्र हमारा व्यक्तिगत शक्ति, आत्म-सम्मान और इच्छाशक्ति का केंद्र है। हृदय चक्र, जो छाती के मध्य में स्थित है, प्रेम, करुणा और क्षमा का स्थान है। गले में स्थित विशुद्ध चक्र हमारा संवाद, आत्म-अभिव्यक्ति

और सत्य का केंद्र है। भौंहों के बीच स्थित आज्ञा चक्र हमारी अंतर्ज्ञान, अंतर्दृष्टि और आध्यात्मिक दृष्टि का केंद्र है। और अंत में, सिर के शीर्ष पर स्थित सहस्रार चक्र हमें दिव्यता से जोड़ता है और सम्पूर्णता का अनुभव कराता है।

जब हमारे चक्र खुले और संतुलित होते हैं, तो ऊर्जा उनके माध्यम से स्वतंत्र रूप से प्रवाहित होती है, हमारे शारीरिक शरीर को पोषण देती है और हमारे भावनात्मक और आध्यात्मिक कल्याण को समर्थन देती है। हालांकि, जब हमारे चक्र अवरुद्ध या असंतुलित होते हैं, तो हम शारीरिक बीमारियों, भावनात्मक संकट, या आध्यात्मिक अलगाव का अनुभव कर सकते हैं। योग, ध्यान, श्वास तकनीक और ऊर्जा उपचार जैसे विभिन्न अभ्यास हमारे चक्रों को साफ और संतुलित करने में मदद कर सकते हैं, जिससे हमारे ऊर्जा तंत्र में सामंजस्य और जीवंतता बहाल होती है।

चक्रों के साथ ही एक ऊर्जा चैनलों का नेटवर्क जुड़ा हुआ है, जिन्हें मेरिडियन कहा जाता है। ये मेरिडियन, जैसे शरीर के परिदृश्य में बहने वाली नदियां, जीवन शक्ति ऊर्जा, जिसे अक्सर "ची" या "प्राण" कहा जाता है, को प्रत्येक कोशिका और अंग तक ले जाते हैं। यह ऊर्जा हमारे शारीरिक स्वास्थ्य, भावनात्मक संतुलन, और आध्यात्मिक कल्याण के लिए आवश्यक है। जब मेरिडियन के माध्यम से ऊर्जा प्रवाह सहज और अबाधित होता है, तो हम जीवंत स्वास्थ्य और ऊर्जा का अनुभव करते हैं। हालांकि, जब प्रवाह बाधित या अवरुद्ध होता है, तो हमें शारीरिक बीमारियां या भावनात्मक संकट का सामना करना पड़ सकता है। एक्यूपंक्चर, एक्यूप्रेशर, और अन्य ऊर्जा उपचार विधियां इन अवरोधों को साफ करने और मेरिडियन के माध्यम से ऊर्जा के सहज प्रवाह को बहाल करने में मदद कर सकती हैं।

हमारे शारीरिक शरीर के चारों ओर एक विद्युत चुम्बकीय क्षेत्र होता है, जिसे आभामंडल कहा जाता है। यह क्षेत्र शरीर से बाहर फैलता है, एक चमकदार कोकून की तरह विकिरण करता है। आभामंडल केवल एक स्थिर क्षेत्र नहीं है; यह एक गतिशील इकाई है, जो हमारी आंतरिक स्थिति को दर्शाता है और हमारे विचारों, भावनाओं, और अनुभवों की छाप को वहन करता है। आभामंडल के रंग, पैटर्न, और कंपन हमारे शारीरिक, भावनात्मक, और आध्यात्मिक कल्याण के बारे में मूल्यवान जानकारी प्रदान करते हैं। आभामंडल को देखना और उसकी व्याख्या

करना सीखकर, हम अपने और दूसरों के बारे में गहरी समझ प्राप्त कर सकते हैं। हम इस ज्ञान का उपयोग असंतुलन या असामंजस्य के क्षेत्रों की पहचान करने और संतुलन बहाल करने और उपचार को बढ़ावा देने के लिए कर सकते हैं।

चक्र, मेरिडियन, और आभामंडल अलग-अलग संस्थाएं नहीं हैं, बल्कि एकीकृत ऊर्जा तंत्र के आपस में जुड़े घटक हैं। वे हमारे समग्र स्वास्थ्य और कल्याण को बनाए रखने के लिए एक साथ काम करते हैं। जब इस प्रणाली का एक पहलू असंतुलित होता है, तो यह दूसरों को प्रभावित कर सकता है। उदाहरण के लिए, चक्र में अवरोध मेरिडियन के माध्यम से ऊर्जा प्रवाह को बाधित कर सकता है, जो शारीरिक लक्षणों या भावनात्मक संकट के रूप में प्रकट हो सकता है। इसी प्रकार, कमजोर आभामंडल हमें नकारात्मक ऊर्जा के प्रति संवेदनशील बना सकता है, जो हमारे शारीरिक और भावनात्मक स्वास्थ्य को प्रभावित करता है।

हमारी ऊर्जा संरचना की जटिल कार्यप्रणाली को समझकर, हम अपने स्वास्थ्य और कल्याण को बनाए रखने के लिए सक्रिय कदम उठा सकते हैं। हम असंतुलन के शुरुआती संकेतों की पहचान कर सकते हैं और उन्हें शारीरिक या भावनात्मक समस्याओं के रूप में प्रकट होने से पहले ठीक कर सकते हैं। हम इस ज्ञान का उपयोग अपने आध्यात्मिक विकास को बढ़ाने और दिव्यता के साथ अपने संबंध को गहरा करने के लिए भी कर सकते हैं।

हमारी ऊर्जा संरचना का अन्वेषण आत्म-खोज की एक यात्रा है, हमारे अस्तित्व के सूक्ष्म लेकिन गहरे आयामों को जागृत करने की प्रक्रिया है। यह एक यात्रा है जो हमें भौतिक के परे देखने और अदृश्य को अपनाने के लिए आमंत्रित करती है, हमारे शरीर की बुद्धिमत्ता, हमारे मस्तिष्क की शक्ति, और हमारी आत्मा की गहराई से जुड़ने के लिए। यह एक यात्रा है जो हमें स्वयं, हमारी दुनिया, और ब्रह्मांड में हमारे स्थान के बारे में गहरी समझ की ओर ले जाती है।

"चक्र, मेरिडियन, और आभामंडल केवल अवधारणाएं नहीं हैं, बल्कि हमारी ऊर्जा संरचना के जीवंत मानचित्र हैं। इन मार्गों का अन्वेषण करें, अवरोधों को साफ करें, और अपने पूरे अस्तित्व में सामंजस्य बहाल करें।"

༄

4

ग्राउंडिंग और सेंटरिंग: ऊर्जा कार्य की नींव

ऊर्जा चिकित्सा के जटिल नृत्य में, ग्राउंडिंग और सेंटरिंग एक आवश्यक नींव के रूप में कार्य करते हैं, जिस पर अन्य सभी प्रथाएं आधारित होती हैं। जैसे एक पेड़ की जड़ें उसे धरती में मजबूती से जकड़े रहती हैं, ग्राउंडिंग हमें ग्रह की स्थिर ऊर्जा से जोड़ती है, जबकि सेंटरिंग हमें हमारे अपने आंतरिक केंद्र के साथ संरेखित करती है, हमारे आंतरिक और बाहरी संसारों के बीच सामंजस्यपूर्ण संतुलन बनाती है। ये प्रथाएं केवल ऊर्जा कार्य से पहले और बाद में किए जाने वाले तकनीकी अभ्यास नहीं हैं; वे एक जीवन जीने का तरीका हैं, हर पल में स्थिरता, स्पष्टता और उपस्थिति को विकसित करने का एक सचेत विकल्प हैं।

ग्राउंडिंग वह प्रक्रिया है, जिसमें हम अपनी ऊर्जा को पृथ्वी से जोड़ते हैं, इसकी विशाल शक्ति और स्थिरता के भंडार से अपनी ऊर्जा पुनः प्राप्त करते हैं और किसी भी अतिरिक्त या स्थिर ऊर्जा को मुक्त करते हैं, जो असंतुलन या असामंजस्य पैदा कर सकती है। जब हम ग्राउंडेड होते हैं, तो हमें एक जड़े होने, सुरक्षा और भौतिक संसार से जुड़े होने का अनुभव होता है। हमारी ऊर्जा शांत, स्थिर और केंद्रित होती है, जो हमें जीवन की चुनौतियों को अनुग्रह और लचीलापन के साथ नेविगेट करने की अनुमति देती है।

ग्राउंडिंग का अभ्यास करने के कई तरीके हैं, और प्रत्येक का अपना अनूठा लाभ है। एक सरल लेकिन प्रभावी तकनीक नंगे पांव धरती पर चलना है, अपने पैरों के

नीचे ठंडी घास या गर्म रेत को महसूस करना। चलते समय, हम कल्पना करते हैं कि हमारे पैरों के तलवों से जड़ें फैल रही हैं, जो हमें पृथ्वी के केंद्र से जोड़ रही हैं। हम कल्पना करते हैं कि हमारी जड़ों के माध्यम से धरती की ऊर्जा ऊपर आ रही है, हमारे शरीर को इसके पोषण और पुनरुत्थान शक्ति से भर रही है।

एक और शक्तिशाली ग्राउंडिंग अभ्यास है जमीन पर बैठना या लेटना, अपने हाथों को हथेली के बल नीचे की ओर रखकर धरती पर रखना। हम अपनी आँखें बंद करते हैं और कल्पना करते हैं कि धरती से ऊर्जा हमारे हाथों के माध्यम से हमारे शरीर में प्रवाहित हो रही है। हम महसूस करते हैं कि यह ऊर्जा हमें ग्राउंड कर रही है, हमें केंद्रित कर रही है, और हमें शांति और स्थिरता का अनुभव करा रही है।

उन लोगों के लिए जो शारीरिक रूप से धरती से नहीं जुड़ सकते, उनके लिए ग्राउंडिंग के लिए कल्पना एक शक्तिशाली उपकरण हो सकता है। हम कल्पना कर सकते हैं कि हम नंगे पांव धरती पर खड़े हैं, अपने पैरों के नीचे की जमीन की बनावट, अपनी त्वचा पर सूरज की गर्मी, और अपने बालों में कोमल हवा को महसूस कर रहे हैं। हम कल्पना कर सकते हैं कि हमारे पैरों से जड़ें फैल रही हैं, जो हमें पृथ्वी के केंद्र से जोड़ रही हैं, और धरती से ऊर्जा ऊपर प्रवाहित हो रही है, हमारे शरीर को इसकी स्थिर और पोषण शक्ति से भर रही है।

सेंटरिंग वह प्रक्रिया है, जिसमें हम अपने आंतरिक केंद्र, अपने गुरुत्वाकर्षण के केंद्र के साथ खुद को संरेखित करते हैं। यह हमारे संतुलन बिंदु को ढूंढने के बारे में है, शारीरिक और ऊर्जात्मक दोनों रूप से। जब हम केंद्रित होते हैं, तो हम शांत, केंद्रित और वर्तमान होते हैं। हम बाहरी परिस्थितियों या आंतरिक उथल-पुथल से आसानी से विचलित नहीं होते। हम अपने अस्तित्व में ग्राउंडेड होते हैं, अपनी आंतरिक बुद्धिमत्ता से जुड़े होते हैं, और अपने उद्देश्य के साथ संरेखित होते हैं।

सेंटरिंग का अभ्यास करने का एक तरीका अपनी सांसों पर ध्यान केंद्रित करना है। जब हम सांस अंदर लेते हैं, तो हम कल्पना करते हैं कि ऊर्जा धरती से हमारे पैरों के माध्यम से हमारे शरीर में प्रवाहित हो रही है। जब हम सांस बाहर छोड़ते हैं, तो हम किसी भी तनाव या दबाव को मुक्त करते हैं, जिससे हमारी ऊर्जा हमारे केंद्र में बस जाती है। हम इस तरीके से सांस लेते रहते हैं, अपने पेट के उठने और गिरने, अपनी नाक के छिद्रों से गुजरने वाली हवा की अनुभूति, और प्रत्येक सांस के साथ

आने वाले ग्राउंडिंग और सेंटरिंग की भावना पर ध्यान केंद्रित करते हैं।

एक अन्य शक्तिशाली सेंटरिंग अभ्यास है, अपने अस्तित्व के केंद्र में एक सफेद प्रकाश या एक सुनहरी ऊर्जा की गेंद की कल्पना करना। हम इस प्रकाश को बाहर की ओर विकिरण करते हुए, अपने पूरे शरीर को इसकी गर्म और उपचारात्मक चमक से भरते हुए महसूस करते हैं। हम महसूस करते हैं कि यह प्रकाश हमें ग्राउंड कर रहा है, हमें केंद्रित कर रहा है, और हमें हमारी आंतरिक बुद्धिमत्ता से जोड़ रहा है।

ग्राउंडिंग और सेंटरिंग एक बार किए जाने वाले अभ्यास नहीं हैं, बल्कि ऐसे सतत प्रक्रियाएं हैं, जिन्हें नियमित ध्यान और अभ्यास की आवश्यकता होती है। जितना अधिक हम अभ्यास करते हैं, ये कौशल उतने ही गहराई से अंतर्निहित हो जाते हैं, और जब हमें उनकी सबसे अधिक आवश्यकता होती है, तो उन्हें आसानी से प्राप्त किया जा सकता है।

ग्राउंडिंग और सेंटरिंग को अपनी दैनिक दिनचर्या का नियमित हिस्सा बनाकर, हम सभी अन्य ऊर्जा कार्यों के लिए एक ठोस आधार बनाते हैं। हम यह सुनिश्चित करते हैं कि हमारी ऊर्जा स्पष्ट, संतुलित और संरेखित है, जो हमें उपचार ऊर्जा को अधिक प्रभावी ढंग से प्रसारित करने और इसके लाभों को अधिक पूर्णता से प्राप्त करने की अनुमति देती है। हम अपने भीतर शांति, स्थिरता, और भलाई की भावना भी विकसित करते हैं, जो बाहर की ओर विकिरण करती है, हमारे संबंधों, हमारे कार्य, और हमारे जीवन की समग्र गुणवत्ता पर सकारात्मक प्रभाव डालती है।

"ग्राउंडिंग हमें धरती की स्थिर बाहों से जोड़ती है, हमारी ऊर्जा को स्थिर करती है और संतुलन बहाल करती है। सेंटरिंग हमें हमारे आंतरिक केंद्र से संरेखित करती है, जो हमें स्पष्टता और शांति की ओर मार्गदर्शन करती है।"

5

सूक्ष्म ऊर्जा का अनुभव: अपनी ऊर्जात्मक संवेदनशीलता विकसित करना

अस्तित्व के ताने-बाने में, पांच इंद्रियों से परे एक ऐसा क्षेत्र है, जहां ऊर्जा बहती है, स्पंदित होती है और संवाद करती है। यह सूक्ष्म ऊर्जा का क्षेत्र है, अदृश्य शक्तियां जो हमारी वास्तविकता को आकार देती हैं और हमें जीवन के गहरे रहस्यों से जोड़ती हैं। इन सूक्ष्म ऊर्जा के प्रति अपनी संवेदनशीलता विकसित करना आत्म-खोज की यात्रा है, सभी चीजों के आपस में जुड़े होने के प्रति जागृत होने की प्रक्रिया है, और गहन उपचार और परिवर्तन का एक द्वार है।

ऊर्जात्मक संवेदनशीलता, जिसे क्लेयरसेंटियंस भी कहा जाता है, हमारे शारीरिक और अंतर्ज्ञानपूर्ण इंद्रियों के माध्यम से सूक्ष्म ऊर्जा को अनुभव करने और उनकी व्याख्या करने की क्षमता है। यह एक प्राकृतिक योग्यता है, जो हम सभी में विभिन्न स्तरों पर मौजूद होती है, लेकिन किसी भी कौशल की तरह, इसे अभ्यास और जागरूकता के माध्यम से निखारा और विकसित किया जा सकता है। जैसे-जैसे हम अपनी ऊर्जात्मक संवेदनशीलता को विकसित करते हैं, हम अपने चारों ओर के सूक्ष्म संकेतों और संदेशों के प्रति अधिक जागरूक हो जाते हैं, और अपने, दूसरों, और हमारे आस-पास की दुनिया के बारे में मूल्यवान अंतर्दृष्टि प्राप्त करते

हैं।

ऊर्जात्मक संवेदनशीलता विकसित करने का पहला कदम शांत मस्तिष्क और ग्रहणशील हृदय को पोषित करना है। ध्यान या सचेत जागरूकता की शांति में, हम सूक्ष्म ऊर्जा को प्रकट होने के लिए स्थान बनाते हैं। अपने विचारों के शोर को शांत करके और वर्तमान क्षण के लिए अपने हृदय को खोलकर, हम अपने अस्तित्व और पर्यावरण को भेदने वाले सूक्ष्म कंपन के प्रति अधिक सजग हो जाते हैं।

हमारी शारीरिक इंद्रियां सूक्ष्म ऊर्जा को अनुभव करने के लिए शक्तिशाली उपकरण हैं। जैसे-जैसे हम अपने शरीर की संवेदनाओं पर ध्यान देते हैं, हम तापमान में हल्के बदलाव, झुनझुनी की संवेदनाएं, या कुछ क्षेत्रों में दबाव या विस्तार की अनुभूति को नोटिस कर सकते हैं। ये शारीरिक संवेदनाएं हमें मिलने वाली ऊर्जा के बारे में मूल्यवान संकेत प्रदान कर सकती हैं। उदाहरण के लिए, हृदय क्षेत्र में गर्मी का अनुभव प्रेम और करुणा की उपस्थिति का संकेत दे सकता है, जबकि हाथों में झुनझुनी उपचार ऊर्जा के प्रवाह का संकेत दे सकती है।

अंतर्ज्ञान, हमारा आंतरिक ज्ञान, ऊर्जात्मक संवेदनशीलता का एक और महत्वपूर्ण पहलू है। जैसे-जैसे हम अपनी आंत की भावनाओं, झुकावों, और अंतर्ज्ञानपूर्ण संकेतों पर भरोसा करना सीखते हैं, हम जानकारी के ऐसे भंडार तक पहुंच प्राप्त करते हैं, जो हमारे तर्कसंगत मस्तिष्क की पहुंच से परे होता है। हमारा अंतर्ज्ञान हमें ऐसे लोगों, स्थानों, और अनुभवों की ओर मार्गदर्शन कर सकता है, जो हमारे विकास और कल्याण का समर्थन करते हैं, और संभावित खतरों या असंतुलनों के बारे में चेतावनी दे सकता है।

अपनी ऊर्जात्मक संवेदनशीलता को और विकसित करने के लिए, हम उन प्रथाओं में शामिल हो सकते हैं, जो सूक्ष्म ऊर्जा के प्रति हमारी जागरूकता को बढ़ाती हैं। ऐसी ही एक प्रथा है प्रकृति में समय बिताना, प्राकृतिक दुनिया की लय और कंपन के साथ तालमेल बिठाना। जब हम धरती पर नंगे पैर चलते हैं, अपनी त्वचा पर सूरज की गर्मी महसूस करते हैं, और ताजी हवा में सांस लेते हैं, तो हम ग्रह की उपचार ऊर्जा से जुड़ते हैं और प्रकृति के सूक्ष्म संदेशों के प्रति खुद को खोलते हैं।

एक और शक्तिशाली प्रथा क्रिस्टल और रत्नों के साथ काम करना है, जो ऊर्जा को

बढ़ाने और प्रसारित करने की अपनी क्षमता के लिए जाने जाते हैं। जब हम अपने हाथों में क्रिस्टल पकड़ते हैं या इसे अपने शरीर पर रखते हैं, तो हम इसके कंपन को महसूस कर सकते हैं और इसकी अनूठी ऊर्जात्मक विशेषताओं को समझ सकते हैं। क्रिस्टल अवरोधों को साफ करने, हमारे चक्रों को संतुलित करने, और हमारी समग्र ऊर्जात्मक संवेदनशीलता को बढ़ाने में मदद कर सकते हैं।

ध्वनि चिकित्सा ऊर्जात्मक संवेदनशीलता विकसित करने के लिए एक और प्रभावी उपकरण है। ध्वनि के कंपन हमारे अस्तित्व की गहराई तक पहुंच सकते हैं, स्थिर ऊर्जा को साफ कर सकते हैं और उपचार और सामंजस्य को बढ़ावा दे सकते हैं। शांतिपूर्ण संगीत सुनकर, मंत्रों का जाप करके, या ट्यूनिंग फोर्क्स का उपयोग करके, हम अपनी ऊर्जा का स्तर बढ़ा सकते हैं और ध्वनि की सूक्ष्म ऊर्जा के प्रति खुद को तालमेल में ला सकते हैं।

जैसे-जैसे हम अपनी ऊर्जात्मक संवेदनशीलता को पोषित करते हैं, यह महत्वपूर्ण है कि अपनी खोज के लिए एक सुरक्षित और सहायक वातावरण बनाएं। इसमें उन लोगों या परिस्थितियों के साथ सीमाएं तय करना शामिल हो सकता है, जो हमारी ऊर्जा को समाप्त करते हैं, आत्म-देखभाल का अभ्यास करना, और सकारात्मक प्रभावों से घिरे रहना। यह भी महत्वपूर्ण है कि हम अपने अंतर्ज्ञान पर भरोसा करें और अपनी अनूठी संवेदनशीलताओं का सम्मान करें।

ऊर्जात्मक संवेदनशीलता विकसित करना एक सतत यात्रा है, निरंतर विकास और विस्तार की प्रक्रिया है। जैसे-जैसे हम अपनी जागरूकता को गहरा करते हैं और अपने कौशल को परिष्कृत करते हैं, हम आश्चर्य, उपचार, और परिवर्तन की एक दुनिया के लिए खुद को खोलते हैं। हमें पता चलता है कि हम उस ऊर्जा से अलग नहीं हैं, जो संपूर्ण सृष्टि के माध्यम से प्रवाहित होती है, बल्कि हम उसके अभिन्न अंग हैं। अपनी ऊर्जात्मक संवेदनशीलता को अपनाकर, हम सभी चीजों के परस्पर जुड़ाव के प्रति जागरूक होते हैं और स्वयं को उपचारकर्ता, सृजनकर्ता, और अपनी वास्तविकता के सह-निर्माता के रूप में पहचानते हैं।

"अंतर्ज्ञान आपकी आत्मा की फुसफुसाहट है, एक मार्गदर्शक प्रकाश जो आपके रास्ते को रोशन करता है। इसके सूक्ष्म संकेतों को सुनना और जीवन के उतार-चढ़ाव को नेविगेट करने के लिए इसकी बुद्धिमत्ता पर भरोसा करना सीखें।"

6

साफ़ करना और संतुलन बनाना: ऊर्जात्मक सामंजस्य को बहाल करने की तकनीकें

हमारे अस्तित्व की जटिल संगति में, ऊर्जा एक जटिल मार्ग नेटवर्क के माध्यम से बहती है, जो हमारे शारीरिक, भावनात्मक, और आध्यात्मिक शरीरों को पोषित करती है। जैसे एक नदी जो एक परिदृश्य से होकर बहती है, यह ऊर्जा भी बाधाओं का सामना कर सकती है, जिससे अवरोध उत्पन्न होते हैं जो सामंजस्यपूर्ण प्रवाह को बाधित करते हैं और शारीरिक बीमारियों, भावनात्मक संकट या आध्यात्मिक अलगाव के रूप में प्रकट होते हैं। संतुलन बहाल करने और कल्याण को बढ़ावा देने के लिए, इन अवरोधों को साफ़ करना और ऊर्जात्मक सामंजस्य को पुनः स्थापित करना आवश्यक है, और यह विभिन्न तकनीकों के माध्यम से किया जा सकता है जिन्हें सदियों से अभ्यास और परिष्कृत किया गया है।

साफ़ करना और संतुलन बनाना ऊर्जा चिकित्सा में मौलिक अभ्यास हैं, जिनका उद्देश्य ठहरी हुई या नकारात्मक ऊर्जा को हटाना और हमारे भीतर और हमारे चारों ओर जीवन शक्ति ऊर्जा के स्वाभाविक प्रवाह को पुनः स्थापित करना है। ये तकनीकें इस आधार पर काम करती हैं कि हमारे शरीर केवल भौतिक संस्थाएं नहीं हैं, बल्कि ऊर्जात्मक प्रणालियां भी हैं जो पर्यावरण और अन्य प्राणियों के साथ

संवाद करती हैं। जब हमारी ऊर्जा साफ और संतुलित होती है, तो हम जीवंतता, कल्याण, और हमारे चारों ओर की दुनिया से जुड़ाव का अनुभव करते हैं।

साफ़ करने और संतुलन बनाने के लिए सबसे प्रभावी उपकरणों में से एक श्वास क्रिया है। हमारी श्वास हमारी जीवन शक्ति ऊर्जा से गहरे रूप से जुड़ी हुई है, और अपनी श्वास को सचेत रूप से नियंत्रित करके, हम अपनी ऊर्जात्मक स्थिति को प्रभावित कर सकते हैं। गहरी, लयबद्ध श्वास हमारे तनाव को मुक्त करने, मन को शांति देने और शरीर में ऊर्जा के प्रवाह को बढ़ावा देने में मदद कर सकती है। योग में प्राणायाम, वैकल्पिक नथुनों से श्वास लेना, और अग्नि श्वास जैसी विभिन्न श्वास क्रियाओं का उपयोग विशेष ऊर्जा केंद्रों, या चक्रों, को साफ़ करने और संतुलित करने के लिए किया जा सकता है, और समग्र ऊर्जात्मक सामंजस्य को बढ़ावा देने के लिए भी।

दृश्यकरण एक और प्रभावी तकनीक है जो साफ़ करने और संतुलन बनाने में मदद करती है। हमारे ऊर्जा क्षेत्र का मानसिक चित्रण करके, हम अवरोध या असंतुलन के क्षेत्रों की पहचान कर सकते हैं और इन्हें साफ़ करने और पुनः बहाल करने के लिए अपनी इच्छाशक्ति को निर्देशित कर सकते हैं। हम कल्पना कर सकते हैं कि ऊर्जा हमारे शरीर में स्वतंत्र रूप से बह रही है, किसी भी नकारात्मकता या ठहराव को धोते हुए। हम यह भी कल्पना कर सकते हैं कि हम एक सुरक्षात्मक प्रकाश की ढाल से घिरे हुए हैं, जो किसी भी अवांछित ऊर्जा को परावर्तित करता है और हमारे ऊर्जात्मक सीमाओं को बनाए रखता है।

ध्वनि चिकित्सा एक शक्तिशाली विधि है जो साफ़ करने और संतुलन बनाने के लिए उपयोगी है। ध्वनि के कंपन हमारे अस्तित्व में गहरे तक प्रवेश कर सकते हैं, ठहरी हुई ऊर्जा को हटा सकते हैं और उपचार और सामंजस्य को बढ़ावा दे सकते हैं। सिंगिंग बाउल्स, ट्यूनिंग फोर्क्स, और अन्य ध्वनि उपकरणों का उपयोग विशिष्ट आवृत्तियों को उत्पन्न करने के लिए किया जा सकता है, जो विभिन्न ऊर्जा केंद्रों से मेल खाती हैं, जिससे अवरोधों को साफ़ करने और संतुलन को बहाल करने में मदद मिलती है। मंत्रों का जाप करना या केवल शांति देने वाले संगीत को सुनना भी हमारे ऊर्जात्मक स्थिति पर गहरा प्रभाव डाल सकता है, जिससे विश्राम, शांति और कल्याण को बढ़ावा मिलता है।

क्रिस्टल और रत्न स्वाभाविक उपकरण हैं जो साफ़ करने और संतुलन बनाने में मदद करते हैं। प्रत्येक क्रिस्टल की अपनी अद्वितीय ऊर्जात्मक विशेषताएं होती हैं जिन्हें उपचार और परिवर्तन को बढ़ावा देने के लिए उपयोग किया जा सकता है। उदाहरण के लिए, क्लियर क्वार्ट्ज अपनी ऊर्जा को बढ़ाने और स्पष्टता को बढ़ावा देने के लिए जाना जाता है, जबकि अमेथिस्ट शांति, शांति और आध्यात्मिक संबंध से जुड़ा होता है। क्रिस्टल को विशिष्ट ऊर्जा केंद्रों पर रखने या आभूषण के रूप में पहनने से हम उनकी उपचार कंपन का लाभ उठा सकते हैं, अवरोधों को साफ़ कर सकते हैं, अपनी ऊर्जा को संतुलित कर सकते हैं, और समग्र कल्याण को बढ़ा सकते हैं।

ऊर्जा चिकित्सा तकनीकें, जैसे रेकी, थैरेप्युटिक टच, और हीलिंग टच, में उपचारकर्ता अपने हाथों के माध्यम से उपचार ऊर्जा को प्राप्तकर्ता तक पहुंचाते हैं। यह ऊर्जा अवरोधों को साफ़ करने, संतुलन बहाल करने, और सभी स्तरों पर – शारीरिक, भावनात्मक, मानसिक और आध्यात्मिक – उपचार को बढ़ावा देने के लिए काम करती है। ऊर्जा उपचार सत्र गहरे रूप से विश्राम देने और पुनः जीवंत करने वाले हो सकते हैं, जो प्राप्तकर्ता को ताजगी, पुनः ऊर्जा और अपने आंतरिक आत्म से अधिक जुड़ाव का अनुभव कराते हैं।

प्रकृति साफ़ करने और संतुलन बनाने की प्रक्रिया में एक शक्तिशाली सहायक है। प्रकृति में समय बिताना, पेड़ों, पौधों और ताजगी से घिरे रहना, हमारे ऊर्जात्मक स्थिति पर गहरा प्रभाव डाल सकता है। प्राकृतिक दुनिया उस आवृत्ति पर कंपन करती है जो हमारी अपनी आवृत्ति से मेल खाती है, जिससे हमारे ऊर्जा क्षेत्र में संतुलन और सामंजस्य बहाल करने में मदद मिलती है। पृथ्वी पर नंगे पैर चलना, जिसे "अर्थिंग" या "ग्राउंडिंग" कहा जाता है, भी लाभकारी हो सकता है, क्योंकि यह हमें अतिरिक्त ऊर्जा को रिलीज करने और पृथ्वी की स्थिर और पोषक ऊर्जा का लाभ उठाने की अनुमति देता है।

साफ़ करना और संतुलन बनाना एक बार के अभ्यास नहीं हैं, बल्कि निरंतर प्रक्रियाएं हैं जिन्हें नियमित ध्यान और देखभाल की आवश्यकता होती है। जैसे हम शारीरिक स्वच्छता बनाए रखने के लिए अपने दांत ब्रश करते हैं और स्नान करते हैं, वैसे ही हमें अपनी ऊर्जात्मक स्वच्छता पर भी ध्यान देना चाहिए ताकि हम स्वस्थ और संतुलित स्थिति में रह सकें। इन अभ्यासों को अपनी दैनिक जीवन में

शामिल करके, हम अपने कल्याण, जीवंतता, और हमारे चारों ओर की दुनिया से जुड़ाव का एक गहरा अनुभव प्राप्त कर सकते हैं।

"साफ़ करना और संतुलन बनाना एक बार की घटनाएं नहीं हैं, बल्कि निरंतर अभ्यास हैं जो आपकी ऊर्जात्मक भलाई को पोषित करते हैं। ठहरी हुई ऊर्जा को मुक्त करें, लचीलापन को अपनाएं, और उपचार के लिए स्थान बनाएं।"

7

हैंड्स-ऑन हीलिंग: चिकित्सीय स्पर्श की शक्ति

उपचार की विभिन्न विधियों के ताने-बाने में, मानव स्पर्श एक शक्तिशाली और मौलिक शक्ति के रूप में उभरता है, जो दर्द को शांत करने, चिंता को कम करने और गहरे जुड़ाव को प्रोत्साहित करने में सक्षम है। हैंड्स-ऑन हीलिंग, जिसे अक्सर चिकित्सीय स्पर्श कहा जाता है, इस अंतर्निहित शक्ति का उपयोग भलाई को बढ़ावा देने और शरीर, मन और आत्मा में संतुलन बहाल करने के लिए करता है। यह एक ऐसी प्रथा है जो सांस्कृतिक सीमाओं और ऐतिहासिक कालों को पार करती है, जिसकी जड़ें प्राचीन परंपराओं में हैं और जो आधुनिक समय में एक मान्यता प्राप्त पूरक चिकित्सा के रूप में विकसित हुई है।

हैंड्स-ऑन हीलिंग का आधार इस समझ पर टिका है कि मानव शरीर केवल एक भौतिक इकाई नहीं है, बल्कि एक ऊर्जा प्रणाली भी है। इस ऊर्जा, जिसे अक्सर "ची" या "प्राण" कहा जाता है, का प्रवाह एक नेटवर्क या मेरिडियन के माध्यम से होता है, जो हर कोशिका और अंग को पोषण देता है। जब यह प्रवाह बाधित होता है, तो यह शारीरिक बीमारियों, भावनात्मक संकट, या आध्यात्मिक अलगाव के रूप में प्रकट हो सकता है। हैंड्स-ऑन हीलिंग का उद्देश्य ऊर्जा के प्रवाह को सुचारू बनाना, उपचार को प्रोत्साहित करना और सभी स्तरों पर भलाई को बढ़ावा देना है।

हैंड्स-ऑन हीलिंग का अभ्यास इस बात पर आधारित होता है कि चिकित्सक अपने हाथों को प्राप्तकर्ता के शरीर पर या उसके पास रखते हैं, अक्सर ऐसे विशिष्ट स्थानों पर जो ऊर्जा केंद्रों या चक्रों से मेल खाते हैं। चिकित्सक तब अपने हाथों के माध्यम से उपचार ऊर्जा को प्रसारित करते हैं, विभिन्न तकनीकों का उपयोग करके अवरोधों को साफ़ करने, ऊर्जा प्रवाह को संतुलित करने और विश्राम को बढ़ावा देने के लिए। सत्र के दौरान प्राप्तकर्ता विभिन्न प्रकार की संवेदनाओं का अनुभव कर सकता है, जैसे गर्मी, झुनझुनी, या गहरी शांति और सुकून की भावना।

हैंड्स-ऑन हीलिंग का सबसे प्रसिद्ध रूप रेकी है, जो एक जापानी तकनीक है, जिसमें चिकित्सक सार्वभौमिक जीवन शक्ति ऊर्जा को प्राप्तकर्ता तक पहुंचाते हैं। रेकी चिकित्सक मानते हैं कि यह ऊर्जा उनके माध्यम से बहती है और उनके इरादे द्वारा निर्देशित होती है ताकि उपचार और भलाई को बढ़ावा दिया जा सके। रेकी सत्र आमतौर पर इस प्रकार होते हैं कि प्राप्तकर्ता पूरी तरह से कपड़े पहने हुए लेटता है, जबकि चिकित्सक अपने हाथों को प्राप्तकर्ता के शरीर पर या उसके पास विभिन्न स्थितियों में रखते हैं।

थैरेप्युटिक टच, हैंड्स-ऑन हीलिंग का एक और लोकप्रिय रूप है, जिसे 1970 के दशक में डोलोरेस क्रिगर, एक नर्सिंग प्रोफेसर, द्वारा विकसित किया गया था। थैरेप्युटिक टच के चिकित्सक मानते हैं कि वे प्राप्तकर्ता के ऊर्जा क्षेत्र को महसूस कर सकते हैं और अपने हाथों का उपयोग करके इसे आकलित और संतुलित कर सकते हैं। वे ऊर्जा क्षेत्र को केंद्रित करने, साफ़ करने, और मॉड्यूलेट करने जैसी विभिन्न तकनीकों का उपयोग कर सकते हैं ताकि विश्राम को बढ़ावा दिया जा सके, दर्द को कम किया जा सके, और उपचार को तेज किया जा सके।

हैंड्स-ऑन हीलिंग के अन्य रूपों में हीलिंग टच, पोलैरिटी थेरेपी, और प्राणिक हीलिंग शामिल हैं। प्रत्येक विधि का अपना विशिष्ट दृष्टिकोण होता है, लेकिन इनका सामान्य लक्ष्य शरीर की ऊर्जा प्रणाली में संतुलन और सामंजस्य को बहाल करना है।

हैंड्स-ऑन हीलिंग के लाभ अनेक और विविध हैं। शारीरिक स्तर पर, यह दर्द को

कम करने, विश्राम को बढ़ाने, उपचार को तेज करने, और प्रतिरक्षा प्रणाली को मजबूत करने में मदद कर सकता है। भावनात्मक स्तर पर, यह चिंता, तनाव और अवसाद को कम करने और शांति, भलाई, और जुड़े होने की भावना को बढ़ाने में मदद कर सकता है। आध्यात्मिक स्तर पर, यह आत्म-जागरूकता को गहरा करने, आंतरिक बुद्धिमत्ता से जुड़ने, और आध्यात्मिक विकास को बढ़ावा देने में मदद कर सकता है।

हैंड्स-ऑन हीलिंग पर वैज्ञानिक अनुसंधान अभी अपने शुरुआती चरण में है, लेकिन प्रारंभिक अध्ययनों ने आशाजनक परिणाम दिखाए हैं। उदाहरण के लिए, *जर्नल ऑफ अल्टरनेटिव एंड कॉम्प्लिमेंटरी मेडिसिन* में प्रकाशित एक अध्ययन में पाया गया कि रेकी ने सर्जरी के दौरान मरीजों में दर्द और चिंता को काफी हद तक कम कर दिया। *पेन* नामक पत्रिका में प्रकाशित एक अन्य अध्ययन में पाया गया कि थैरेप्युटिक टच ने पुराने दर्द वाले मरीजों में दर्द की तीव्रता को कम करने में प्रभावी भूमिका निभाई।

हालांकि हैंड्स-ऑन हीलिंग कैसे काम करती है, इसे पूरी तरह समझने के लिए और अधिक शोध की आवश्यकता है, यह स्पष्ट है कि यह कई स्थितियों के लिए एक मूल्यवान पूरक चिकित्सा हो सकती है। यदि आप हैंड्स-ऑन हीलिंग आज़माने पर विचार कर रहे हैं, तो यह महत्वपूर्ण है कि आप एक योग्य चिकित्सक चुनें, जिसने एक मान्यता प्राप्त विधि में प्रशिक्षण प्राप्त किया हो। यदि आप गर्भवती हैं, किसी गंभीर चिकित्सा स्थिति से ग्रस्त हैं, या कोई दवा ले रहे हैं, तो अपने डॉक्टर से अपनी चिंताओं पर चर्चा करना भी महत्वपूर्ण है।

हैंड्स-ऑन हीलिंग एक ऐसा उपहार है, जो हम सभी में किसी न किसी रूप में मौजूद होता है। अपनी उपचार ऊर्जा को विकसित और प्रसारित करना सीखकर, हम न केवल अपनी भलाई को बढ़ावा दे सकते हैं, बल्कि दूसरों और हमारे चारों ओर की दुनिया के उपचार में भी योगदान दे सकते हैं। स्पर्श की शक्ति के माध्यम से, हम अपने भीतर स्थित असीम उपचार क्षमता तक पहुंच सकते हैं।

"स्पर्श की शक्ति एक पवित्र उपहार है, दिलों के बीच एक पुल और उपचार ऊर्जा के प्रवाह का माध्यम। चिकित्सीय स्पर्श की गर्माहट को अपनाएं और इसके परिवर्तनकारी प्रभावों का अनुभव करें।"

8

दूरस्थ उपचार: समय और स्थान से परे ऊर्जा भेजना

दूरस्थ उपचार, ऊर्जा चिकित्सा के क्षेत्र में एक आकर्षक और शक्तिशाली विधि है, जो समय और स्थान की पारंपरिक सीमाओं को तोड़ देती है। यह उपचार ऊर्जा को भौतिक बाधाओं को पार करने और जरूरतमंदों तक पहुंचने की अनुमति देती है, चाहे वे कितनी ही दूर क्यों न हों। इस विधि की जड़ें इस समझ में निहित हैं कि हम सभी एक विशाल ऊर्जा जाल के माध्यम से आपस में जुड़े हुए हैं। दूरस्थ उपचार, इरादे, दृश्यकरण और केंद्रित जागरूकता की शक्ति का उपयोग करके उपचार कंपन को उन व्यक्तियों तक पहुंचाता है, जो मीलों या यहां तक कि महाद्वीपों की दूरी पर हो सकते हैं।

दूरस्थ उपचार की अवधारणा कुछ लोगों को जटिल लग सकती है, क्योंकि यह ऊर्जा के कार्य करने के पारंपरिक दृष्टिकोण को चुनौती देती है। हालांकि, कई वैज्ञानिक अध्ययनों ने यह दिखाया है कि ऊर्जा वास्तव में बिना भौतिक संपर्क के भी स्थान में प्रसारित हो सकती है। उदाहरण के लिए, क्वांटम भौतिकी ने यह सिद्ध किया है कि कण एक-दूसरे के साथ उलझ सकते हैं, जिसका अर्थ है कि वे एक-दूसरे को तुरंत प्रभावित कर सकते हैं, चाहे उनके बीच कितनी भी दूरी हो। इसी प्रकार, प्रार्थना और दूरस्थ इरादे पर किए गए अध्ययनों ने दिखाया है कि केंद्रित विचार और इरादे जीवित जीवों पर एक मापनीय प्रभाव डाल सकते हैं, चाहे

वे कितनी भी दूरी पर हों।

दूरस्थ उपचार के चिकित्सक मानते हैं कि हम सभी एक सार्वभौमिक ऊर्जा क्षेत्र के माध्यम से जुड़े हुए हैं, जिसे कभी-कभी "क्वांटम क्षेत्र" या "मैट्रिक्स" कहा जाता है। यह क्षेत्र समय और स्थान की सीमाओं से बंधा नहीं है, और इसी क्षेत्र के माध्यम से उपचार ऊर्जा को प्रसारित किया जा सकता है। अपने इरादे पर ध्यान केंद्रित करके और प्राप्तकर्ता को उपचार ऊर्जा प्राप्त करते हुए कल्पना करके, चिकित्सक इस ऊर्जा को स्थानांतरित कर सकते हैं, जहां इसे प्राप्तकर्ता के ऊर्जा क्षेत्र द्वारा ग्रहण और उपयोग किया जाता है।

दूरस्थ उपचार के लिए विभिन्न तकनीकें हैं, जिनका अपना विशिष्ट दृष्टिकोण है। कुछ चिकित्सक दृश्यकरण और पुष्टि का उपयोग करते हैं, जबकि अन्य उपचार ऊर्जा को प्रसारित करने के लिए विशिष्ट हाथ की मुद्राओं या प्रतीकों का उपयोग करते हैं। कुछ विधियां, जैसे रेकी, सार्वभौमिक जीवन शक्ति ऊर्जा से जुड़ने के लिए विशिष्ट प्रतीकों और अभिषेक का उपयोग करती हैं, जबकि अन्य, जैसे क्वांटम टच, चिकित्सक के अपने ऊर्जा क्षेत्र को बढ़ाने और इसे प्राप्तकर्ता तक स्थानांतरित करने की तकनीकों का उपयोग करती हैं।

विशेष तकनीक चाहे जो भी हो, दूरस्थ उपचार की कुंजी चिकित्सक की इरादे पर ध्यान केंद्रित करने, प्राप्तकर्ता को उपचार ऊर्जा प्राप्त करते हुए कल्पना करने, और ऊर्जा के प्रवाह के लिए एक स्पष्ट चैनल बनाने की क्षमता में निहित है। इसके लिए गहन एकाग्रता, करुणा, और उपचार प्रक्रिया पर विश्वास की आवश्यकता होती है। चिकित्सक को परिणाम के साथ किसी भी प्रकार का लगाव छोड़ना भी आवश्यक होता है, ताकि उपचार ऊर्जा बिना किसी हस्तक्षेप के अपना काम कर सके।

दूरस्थ उपचार के प्राप्तकर्ता भी इस प्रक्रिया में एक महत्वपूर्ण भूमिका निभाते हैं। उपचार ऊर्जा के प्रति खुले और ग्रहणशील रहकर, वे अपने ऊर्जा क्षेत्र में इसे ग्रहण करने और उपयोग करने के लिए स्थान बनाते हैं। इसमें शांत चिंतन, ध्यान, या केवल आराम करते हुए ऊर्जा को प्रवाहित होने देने के लिए समय निकालना शामिल हो सकता है।

दूरस्थ उपचार का उपयोग शारीरिक, भावनात्मक और आध्यात्मिक मुद्दों की एक विस्तृत श्रृंखला को संबोधित करने के लिए किया जा सकता है। यह दर्द को कम करने, विश्राम को बढ़ावा देने, उपचार को तेज करने, और प्रतिरक्षा प्रणाली को मजबूत करने में मदद कर सकता है। यह चिंता, तनाव, और अवसाद को कम करने और शांति, भलाई और जुड़े होने की भावना को बढ़ाने में भी सहायक हो सकता है। आध्यात्मिक स्तर पर, यह आत्म-जागरूकता को गहरा करने, आंतरिक बुद्धिमत्ता से जुड़ने, और आध्यात्मिक विकास को बढ़ावा देने में मदद कर सकता है।

दूरस्थ उपचार पारंपरिक चिकित्सा देखभाल का विकल्प नहीं है, लेकिन यह एक मूल्यवान पूरक चिकित्सा हो सकती है। इसे पारंपरिक उपचारों के साथ संयोजन में उपयोग किया जा सकता है ताकि उनकी प्रभावशीलता को बढ़ावा दिया जा सके और समग्र भलाई को बढ़ाया जा सके। दूरस्थ उपचार को एक निवारक उपाय के रूप में भी उपयोग किया जा सकता है, स्वस्थ और संतुलित स्थिति को बनाए रखने में मदद करने के लिए।

यदि आप दूरस्थ उपचार आज़माने पर विचार कर रहे हैं, तो यह महत्वपूर्ण है कि आप एक योग्य चिकित्सक चुनें, जिसने एक मान्यता प्राप्त विधि में प्रशिक्षण प्राप्त किया हो। यदि आप गर्भवती हैं, किसी गंभीर चिकित्सा स्थिति से ग्रस्त हैं, या कोई दवा ले रहे हैं, तो अपनी चिंताओं पर चर्चा करना भी आवश्यक है।

दूरस्थ उपचार, भौतिक दूरी की परवाह किए बिना, उपचार और भलाई को बढ़ावा देने के लिए एक शक्तिशाली उपकरण है। इरादे, दृश्यकरण, और केंद्रित जागरूकता की शक्ति का उपयोग करके, हम सार्वभौमिक ऊर्जा क्षेत्र से जुड़ सकते हैं और जरूरतमंदों तक उपचार कंपन भेज सकते हैं। दूरस्थ उपचार हमें याद दिलाता है कि हम सभी आपस में जुड़े हुए हैं, और हमारे पास एक-दूसरे की उपचार यात्रा का समर्थन करने की शक्ति है, भले ही हम दूर हों।

"दूरी उपचार ऊर्जा के लिए कोई बाधा नहीं है। इरादे और करुणा के माध्यम से, हम अपनी उपचार शक्ति को समय और स्थान के पार बढ़ा सकते हैं, और जरूरतमंदों से जुड़ सकते हैं।"

∾

9

क्रिस्टल और रत्न: पृथ्वी के खजानों से उपचार ऊर्जा को बढ़ाना

पृथ्वी की गहराइयों में अद्वितीय सुंदरता और गहन शक्ति के खजाने छिपे हुए हैं – क्रिस्टल और रत्न। ये चमकदार संरचनाएं, जो पृथ्वी की गोद से जन्मी हैं, अपने भीतर युगों की बुद्धिमत्ता और प्राकृतिक दुनिया के कंपन का सार रखती हैं। सदियों से, दुनिया भर की संस्कृतियों ने उनके उपचार गुणों के लिए क्रिस्टल और रत्नों का आदर किया है, उन्हें अनुष्ठानों, समारोहों, और व्यक्तिगत प्रथाओं में भलाई बढ़ाने, संतुलन को बढ़ावा देने, और आध्यात्मिक विकास को प्रोत्साहित करने के लिए उपयोग किया है।

क्रिस्टल और रत्न केवल सजावट नहीं हैं; वे जीवित संस्थाएं हैं, प्रत्येक अपनी विशिष्ट ऊर्जात्मक पहचान और उद्देश्य के साथ। गर्मी, दबाव, और खनिज संरचना के परस्पर क्रिया के माध्यम से हजारों वर्षों में बने ये भूवैज्ञानिक आश्चर्य पृथ्वी की सृजनात्मक शक्ति और उन मौलिक ऊर्जाओं को मूर्त रूप देते हैं जो हमारी दुनिया को आकार देती हैं। उनकी क्रिस्टलीय संरचनाएं ऊर्जा के लिए माध्यम के रूप में कार्य करती हैं, जो उपचार और परिवर्तन को बढ़ावा देने के लिए कंपन को बढ़ाने, प्रसारित करने और परिवर्तित करने में सक्षम होती हैं।

उपचार के लिए क्रिस्टल और रत्नों का उपयोग प्राचीन सभ्यताओं से होता आया

है, जहां इन्हें उनके चिकित्सीय गुणों और आध्यात्मिक क्षेत्रों से जुड़ने की क्षमता के लिए महत्व दिया जाता था। उदाहरण के लिए, प्राचीन मिस्र में, लैपिस लाजुली को उसकी सुरक्षात्मक विशेषताओं और अंतर्ज्ञान और आध्यात्मिक जागरूकता को बढ़ाने की क्षमता के लिए अत्यधिक मूल्यवान माना जाता था। भारत में, आयुर्वेदिक चिकित्सा विभिन्न रत्नों का उपयोग दोषों, या ऊर्जा प्रकारों को संतुलित करने और समग्र स्वास्थ्य और भलाई को बढ़ावा देने के लिए करती है।

आधुनिक विज्ञान क्रिस्टल और रत्नों के प्रभाव के पीछे के तंत्र को उजागर करने लगा है। शोध से पता चला है कि क्रिस्टल विशिष्ट आवृत्तियों पर कंपन करते हैं, जो मानव शरीर के ऊर्जा क्षेत्र, या आभामंडल के साथ परस्पर क्रिया कर सकते हैं। ये कंपन अवरोधों को साफ करने, ऊर्जा प्रवाह को संतुलित करने, और कोशिकीय स्तर पर उपचार को बढ़ावा देने में मदद कर सकते हैं। इसके अतिरिक्त, क्रिस्टल की रासायनिक संरचना भी उनके चिकित्सीय गुणों में भूमिका निभा सकती है। उदाहरण के लिए, अमेथिस्ट में लौह तत्व की थोड़ी मात्रा होती है, जिसे इसकी शांत और सुखदायक प्रभावों में योगदान देने वाला माना जाता है।

प्रत्येक क्रिस्टल और रत्न के पास अनूठे गुण होते हैं, जिनका उपयोग विशिष्ट उद्देश्यों के लिए किया जा सकता है। उदाहरण के लिए, क्लियर क्वार्ट्ज को "मास्टर हीलर" कहा जाता है क्योंकि यह ऊर्जा को बढ़ाने और स्पष्टता को बढ़ावा देने की क्षमता रखता है। अमेथिस्ट का उपयोग अक्सर मन को शांत करने, आरामदायक नींद को बढ़ावा देने, और आध्यात्मिक संबंध को बढ़ाने के लिए किया जाता है। रोज क्वार्ट्ज प्रेम, करुणा, और भावनात्मक उपचार से जुड़ा होता है, जबकि सिट्रीन समृद्धि और सफलता को आकर्षित करने की अपनी क्षमता के लिए जाना जाता है।

उपयुक्त क्रिस्टल या रत्न का चयन एक व्यक्तिगत और अंतर्ज्ञानपूर्ण प्रक्रिया है। कुछ लोग उनके रंग, आकार, या बनावट के आधार पर किसी विशेष पत्थर की ओर आकर्षित होते हैं, जबकि अन्य अपनी विशिष्ट जरूरतों या इरादों के आधार पर चयन करते हैं। यह महत्वपूर्ण है कि आप अपनी अंतर्ज्ञान पर भरोसा करें और उन पत्थरों को चुनें, जो गहरे स्तर पर आपसे तालमेल बिठाते हैं।

क्रिस्टल और रत्नों के साथ काम करने के कई तरीके हैं। एक सामान्य प्रथा यह है

कि उन्हें विशिष्ट ऊर्जा केंद्रों, या चक्रों, के पास या उन पर रखा जाए ताकि अवरोधों को साफ किया जा सके और संतुलन को बढ़ावा दिया जा सके। उदाहरण के लिए, हृदय चक्र पर रोज क्वार्ट्ज रखने से प्रेम और करुणा के लिए हृदय खोलने में मदद मिल सकती है, जबकि सोलर प्लेक्सस चक्र पर सिट्रीन रखने से आत्मविश्वास और आत्म-सम्मान को बढ़ावा मिल सकता है।

क्रिस्टल के साथ काम करने का एक और तरीका यह है कि उन्हें आभूषण के रूप में पहना जाए या जेब या थैली में रखा जाए। यह आपको दिन भर उनके कंपन से लाभान्वित होने की अनुमति देता है, समग्र भलाई और ऊर्जात्मक संतुलन को बढ़ावा देता है। क्रिस्टल का उपयोग ध्यान में, वेदियों पर रखने, या अनुष्ठानों और समारोहों में उनकी ऊर्जात्मक विशेषताओं को बढ़ाने के लिए भी किया जा सकता है।

यह ध्यान रखना महत्वपूर्ण है कि क्रिस्टल और रत्न पारंपरिक चिकित्सा देखभाल का विकल्प नहीं हैं, लेकिन वे एक मूल्यवान पूरक चिकित्सा हो सकते हैं। यदि आप उपचार के लिए क्रिस्टल का उपयोग करने पर विचार कर रहे हैं, तो यह महत्वपूर्ण है कि आप एक योग्य चिकित्सक से परामर्श करें, जो उनके सुरक्षित और प्रभावी उपयोग में आपका मार्गदर्शन कर सके।

क्रिस्टल और रत्नों की दुनिया विशाल और आकर्षक है, जो अन्वेषण और खोज के अनंत संभावनाएं प्रदान करती है। इन पृथ्वी के खजानों को अपनाकर और उन्हें अपने जीवन में शामिल करके, हम उनकी उपचार शक्ति का उपयोग कर सकते हैं और स्वास्थ्य, खुशी, और आध्यात्मिक संतुष्टि के लिए अपनी पूरी क्षमता को खोल सकते हैं।

"पृथ्वी के खजाने, क्रिस्टल और रत्न, अपने भीतर युगों की बुद्धिमत्ता को समेटे हुए हैं। उनकी ऊर्जात्मक सार को अपनाएं, उपचार ऊर्जा को बढ़ाएं, और अपने पथ को प्रकाशित करें।"

10

ध्वनि चिकित्सा: मन, शरीर और आत्मा को सामंजस्य में लाने के लिए कंपन का उपयोग

उपचार की विधियों के ताने-बाने में, ध्वनि एक गहन और प्राचीन शक्ति के रूप में उभरती है, जो मन, शरीर और आत्मा को सामंजस्य में लाने में सक्षम है। आदिवासी संस्कृतियों की लयबद्ध ड्रमिंग से लेकर क्रिस्टल बाउल्स की स्वर्गीय ध्वनियों तक, ध्वनि चिकित्सा कंपन की शक्ति का उपयोग भलाई को बढ़ावा देने, संतुलन बहाल करने, और हमारे भीतर और हमारे चारों ओर की दुनिया से एक गहरे जुड़ाव को जगाने के लिए करती है।

ध्वनि केवल एक इंद्रिय अनुभव नहीं है; यह सृजन का एक मौलिक पहलू है, एक सार्वभौमिक भाषा जो हमारे अस्तित्व के मूल से बात करती है। अपनी प्रकृति में, ध्वनि एक कंपन है, ऊर्जा का एक लयबद्ध दोलन जो वायु और अन्य माध्यमों से यात्रा करता है, हमारे शारीरिक, भावनात्मक और आध्यात्मिक शरीरों के साथ तालमेल बनाने वाले पैटर्न और आवृत्तियों का निर्माण करता है। यह प्रतिध्वनि हमारे मूड, विचारों, और यहां तक कि हमारी कोशिकीय संरचना को प्रभावित कर सकती है।

मानव शरीर मुख्य रूप से जल से बना है, जो ध्वनि कंपन के प्रति अत्यधिक संवेदनशील माध्यम है। जब हम ध्वनि के संपर्क में आते हैं, चाहे वह संगीत हो, मंत्र हो, या प्रकृति की कोमल गूंज हो, ये कंपन हमारे शरीर के माध्यम से यात्रा करते हैं, हमारी कोशिकाओं, अंगों और ऊर्जा प्रणालियों के साथ संवाद करते हैं। यह संपर्क विभिन्न प्रकार के प्रभाव डाल सकता है, जैसे विश्राम, तनाव कम करना, दर्द से राहत, और प्रतिरक्षा कार्य में सुधार।

ध्वनि चिकित्सा के मूलभूत सिद्धांतों में से एक है *एंट्रेनमेंट*, वह प्रक्रिया जिसके द्वारा दो दोलनशील प्रणालियां अपनी लय का समन्वय करती हैं। जब हम सामंजस्यपूर्ण और सुसंगत ध्वनि कंपन के संपर्क में आते हैं, तो हमारा शरीर स्वाभाविक रूप से इन आवृत्तियों से तालमेल बिठाता है, जिससे हमारी आंतरिक लय बाहरी ध्वनि स्रोत के साथ संरेखित होती है। यह एंट्रेनमेंट हमारे शारीरिक, भावनात्मक और आध्यात्मिक शरीरों में सामंजस्य और संतुलन को बहाल करने में गहरा प्रभाव डाल सकता है।

ध्वनि चिकित्सा उपचार और भलाई को बढ़ावा देने के लिए विशिष्ट आवृत्तियों और कंपन बनाने के लिए विभिन्न उपकरणों और तकनीकों का उपयोग करती है। सबसे आम उपकरणों में सिंगिंग बाउल्स, ट्यूनिंग फोर्क्स, गोंग्स, ड्रम्स, और विंड चाइम्स शामिल हैं। ये उपकरण समृद्ध और जटिल ध्वनियां उत्पन्न करते हैं जो हमारे शरीर और ऊर्जा क्षेत्र के विभिन्न भागों के साथ तालमेल बिठा सकते हैं, जिससे उपचार और परिवर्तन को उत्तेजित किया जा सकता है।

सिंगिंग बाउल्स, उदाहरण के लिए, प्राचीन उपकरण हैं जो ध्यान, उपचार, और आध्यात्मिक प्रथाओं के लिए तिब्बती और हिमालयी संस्कृतियों में सदियों से उपयोग किए जाते रहे हैं। ये बाउल्स आमतौर पर कांस्य या क्रिस्टल से बने होते हैं और मलेट से बजाए जाने पर एक गहरी, प्रतिध्वनित ध्वनि उत्पन्न करते हैं। सिंगिंग बाउल्स द्वारा उत्पन्न कंपन शरीर में गहराई तक प्रवेश कर सकते हैं, विश्राम को बढ़ावा दे सकते हैं, तनाव को मुक्त कर सकते हैं, और ऊर्जा प्रवाह को उत्तेजित कर सकते हैं।

ट्यूनिंग फोर्क्स ध्वनि चिकित्सा के लिए एक और शक्तिशाली उपकरण हैं। ये सरल लेकिन प्रभावी उपकरण शुद्ध स्वर उत्पन्न करते हैं, जिन्हें विशिष्ट ऊर्जा

केंद्रों, या चक्रों, को संतुलित और सामंजस्यपूर्ण बनाने के लिए उपयोग किया जा सकता है। ट्यूनिंग फोर्क को चक्र पर या उसके पास रखकर, चिकित्सक चक्र को फोर्क की कंपन आवृत्ति संचारित कर सकते हैं, जिससे अवरोधों को साफ करने और संतुलन को बहाल करने में मदद मिलती है।

गोंग्स, ड्रम्स, और विंड चाइम्स अन्य उपकरण हैं, जो शक्तिशाली और परिवर्तनकारी ध्वनि परिदृश्य बना सकते हैं। गोंग की गहरी, प्रतिध्वनित ध्वनियां तंत्रिका तंत्र पर गहरा प्रभाव डाल सकती हैं, गहन विश्राम और ध्यान की स्थिति उत्पन्न कर सकती हैं। ड्रम की लयबद्ध धड़कनें हमारी मौलिक ऊर्जा को जगाने और हमें पृथ्वी की धड़कन से जोड़ने में सक्षम हैं। विंड चाइम्स की कोमल झंकार शांति और संतोष की भावना पैदा कर सकती है, हमें तनाव और चिंता से मुक्त होने के लिए आमंत्रित करती है।

उपकरणों के अलावा, ध्वनि चिकित्सा में वोकल तकनीकों का भी उपयोग किया जाता है, जैसे मंत्र जाप, टोनिंग, और ओवरटोन सिंगिंग। ये प्रथाएं हमारे शरीर और ऊर्जा क्षेत्रों के साथ तालमेल बनाने वाली विशिष्ट ध्वनियां और कंपन उत्पन्न करने के लिए हमारी अपनी आवाज का उपयोग करती हैं। मंत्रों का जाप, उदाहरण के लिए, मन को शांत करने, ध्यान केंद्रित करने, और उच्चतर चेतना की अवस्थाओं से जुड़ने में मदद कर सकता है। टोनिंग, या स्वर ध्वनियों का उच्चारण, चक्रों को संतुलित करने और कोशिकीय स्तर पर उपचार को बढ़ावा देने में मदद कर सकता है। ओवरटोन सिंगिंग, एक तकनीक जिसमें एक साथ कई ध्वनियां उत्पन्न की जाती हैं, गहरी विश्राम और परिवर्तित चेतना की अवस्थाएं उत्पन्न कर सकती है।

"ध्वनि केवल एक इंद्रिय अनुभव नहीं है, बल्कि मन, शरीर और आत्मा को सामंजस्य में लाने का एक शक्तिशाली उपकरण है। ध्वनि के कंपन को अपने ऊपर बहने दें, तनाव को मुक्त करें और संतुलन को बहाल करें।"

11

प्रकृति के रूप में उपचारक: पृथ्वी की ऊर्जा से जुड़ना

हमारी आधुनिक दुनिया, जो तकनीक और शहरी परिदृश्यों से भरी हुई है, में हम अक्सर प्राकृतिक दुनिया से अपने गहरे संबंध को भूल जाते हैं। फिर भी, प्रकृति उपचार और पुनर्जीवन का एक सदैव उपस्थित स्रोत है, एक ऐसा स्थान जहां हम अपनी ऊर्जा को फिर से भर सकते हैं, अपने संतुलन को पुनः प्राप्त कर सकते हैं, और अपने आंतरिक स्व से फिर से जुड़ सकते हैं। चाहे वह जंगल के ऊंचे-ऊंचे पेड़ हों या सागर की कोमल लहरें, पृथ्वी की ऊर्जा हमें चारों ओर से घेरे रहती है, सांत्वना, ज्ञान, और गहन जुड़े होने का अहसास प्रदान करती है।

प्रकृति में हमें कई स्तरों पर ठीक करने और बहाल करने की सहज क्षमता होती है। प्राकृतिक दुनिया के दृश्य, ध्वनियां, और गंध हमारे तंत्रिका तंत्र पर एक शांत और पुनर्स्थापनात्मक प्रभाव डाल सकती हैं, तनाव और चिंता को कम कर सकती हैं और विश्राम को बढ़ावा दे सकती हैं। ताजी हवा, जो ऑक्सीजन और नकारात्मक आयनों से भरपूर होती है, हमारी प्रतिरक्षा प्रणाली को बढ़ावा दे सकती है और हमारे समग्र कल्याण को सुधार सकती है। सूर्य का प्रकाश, जो विटामिन डी का प्राकृतिक स्रोत है, हमारे मूड को नियंत्रित करने और स्वस्थ नींद की दिनचर्या को बढ़ावा देने में एक महत्वपूर्ण भूमिका निभाता है।

लेकिन प्रकृति की उपचार शक्ति केवल शारीरिक लाभों तक सीमित नहीं है। यह हमारी आत्माओं से भी बात करती है, हमें सभी जीवित प्राणियों और स्वयं पृथ्वी के साथ हमारे जुड़े होने की याद दिलाती है। प्रकृति की उपस्थिति में, हम अपने दैनिक जीवन के बोझ को छोड़ सकते हैं और शांति और सुकून की एक गहरी भावना को आत्मसात कर सकते हैं। हम अपनी आंतरिक बुद्धिमत्ता, अपनी अंतर्ज्ञान, और अपनी सृजनात्मकता से फिर से जुड़ सकते हैं।

पृथ्वी की ऊर्जा से जुड़ने के सबसे शक्तिशाली तरीकों में से एक "ग्राउंडिंग" या "अर्थिंग" का अभ्यास है। इसमें पृथ्वी के साथ सीधे संपर्क में समय बिताना शामिल है, चाहे वह घास पर नंगे पैर चलना हो, एक चट्टान पर बैठना हो, या बस अपने हाथों को जमीन पर रखना हो। जैसे ही हम पृथ्वी की ऊर्जा से जुड़ते हैं, हम अतिरिक्त ऊर्जा को छोड़ने और इसकी स्थिर और पोषक शक्ति का लाभ उठाने में सक्षम होते हैं। यह सूजन को कम करने, नींद में सुधार करने, और समग्र कल्याण को बढ़ाने में मदद कर सकता है।

पृथ्वी की उपचार ऊर्जा से जुड़ने का एक और तरीका है "फॉरेस्ट बाथिंग," जिसे जापानी भाषा में "शिनरिन-योको" कहा जाता है। यह जापानी अभ्यास एक जंगल के वातावरण में खुद को डुबोने, पेड़ों और पौधों की दृष्टि, ध्वनि, और गंध को आत्मसात करने में शामिल है। अध्ययनों से पता चला है कि फॉरेस्ट बाथिंग तनाव को कम कर सकती है, रक्तचाप को कम कर सकती है, और प्रतिरक्षा प्रणाली को बढ़ावा दे सकती है। यह सृजनात्मकता को बढ़ावा देने, मूड को सुधारने, और भलाई की भावना को बढ़ाने में भी मदद कर सकती है।

पानी, जो प्रकृति का एक और आवश्यक तत्व है, में भी गहन उपचार शक्ति होती है। चाहे वह समुद्र में तैरना हो, गर्म झरने में स्नान करना हो, या बस बहती हुई नदी की ध्वनि सुनना हो, पानी का हमारे ऊर्जा क्षेत्र को साफ करने और शुद्ध करने का एक अनूठा तरीका है। यह नकारात्मक भावनाओं को धोने, मानसिक धुंध को साफ करने, और नवीनीकरण और पुनर्जीवन की भावना को बढ़ावा देने में मदद कर सकता है।

प्राकृतिक दुनिया भी विभिन्न पौधों और पशु जीवन का घर है, प्रत्येक अपनी अनूठी ऊर्जात्मक पहचान के साथ। प्रकृति में समय बिताकर और वहां निवास

करने वाली विभिन्न प्रजातियों का निरीक्षण करके, हम जीवन, मृत्यु, और सभी चीजों के आपस में जुड़े होने के बारे में मूल्यवान सबक सीख सकते हैं। हम पौधों की उपचारात्मक गुणों का भी उपयोग कर सकते हैं, जैसे हर्बल उपचार, अरोमाथेरेपी, और फूलों के सार।

पृथ्वी की ऊर्जा से जुड़ना न केवल हमारे व्यक्तिगत कल्याण के लिए फायदेमंद है, बल्कि ग्रह के कल्याण के लिए भी फायदेमंद है। जैसे-जैसे हम प्रकृति के साथ अपने संबंध को गहरा करते हैं, हम इसकी सुंदरता और इसके महत्व की अधिक सराहना करते हैं। हम पर्यावरण पर अपने प्रभाव के प्रति अधिक जागरूक बनते हैं और इसे संरक्षित करने के लिए अधिक प्रतिबद्ध हो जाते हैं।

एक ऐसी दुनिया में जो प्रकृति से तेजी से अलग होती जा रही है, पृथ्वी के साथ हमारे संबंध को बनाए रखना पहले से कहीं अधिक महत्वपूर्ण है। प्रकृति में समय बिताकर, ग्राउंडिंग और अर्थिंग का अभ्यास करके, और उन गतिविधियों में शामिल होकर जो हमें प्राकृतिक दुनिया से जोड़ती हैं, हम पृथ्वी की उपचार शक्ति का उपयोग कर सकते हैं और अपने संतुलन और कल्याण को बहाल कर सकते हैं।

प्रकृति केवल हमारे जीवन का एक पृष्ठभूमि नहीं है; यह हमारे अस्तित्व का एक अभिन्न हिस्सा है। प्रकृति से अपने संबंध को अपनाकर, हम अपनी संपूर्णता को अपनाते हैं और उस अनंत बुद्धिमत्ता और उपचार तक पहुंचते हैं, जिसे वह प्रदान करती है।

"प्रकृति हमारी सबसे बड़ी शिक्षक है, उपचार और पुनर्जीवन के लिए एक पवित्र स्थान। इसकी गोद में खुद को डुबोएं, इसकी सुगंध को महसूस करें, और पृथ्वी की बुद्धिमत्ता से फिर से जुड़ें।"

12

ऊर्जा और भावनाएं: भावनाओं और भलाई के बीच का संबंध

ऊर्जा और भावनाओं के बीच का जटिल नृत्य हमारे भलाई और दुनिया के अनुभव को आकार देने वाला एक गहरा ताना-बाना बनाता है। भावनाएं केवल अमूर्त अवधारणाएं या क्षणिक संवेदनाएं नहीं हैं; वे ऊर्जा की गतिशील अभिव्यक्तियां हैं, जो हमारे भीतर कंपन करती हैं और बाहर की दुनिया में प्रसारित होती हैं। ऊर्जा और भावनाओं के इस गहरे संबंध में हमारे भलाई को समझने और स्वास्थ्य, खुशी, और पूर्णता की हमारी पूरी क्षमता को खोलने की कुंजी है।

अपनी मूल प्रकृति में, ऊर्जा वह जीवन शक्ति है जो हमारे अस्तित्व को सक्रिय करती है, हमारे शरीर और मन के माध्यम से प्रवाहित होती है और हमें स्वयं, दूसरों और ब्रह्मांड से जोड़ती है। यह ऊर्जा स्थिर नहीं है, बल्कि गतिशील है, जो हमारे विचारों, भावनाओं और अनुभवों के प्रति लगातार बदलती रहती है। इसके परिणामस्वरूप भावनाएं इन परिवर्तनों और बदलावों की ऊर्जात्मक अभिव्यक्तियां हैं, जो हमारी आंतरिक दुनिया की अंतर्निहित धाराओं को प्रतिबिंबित करती हैं।

हर भावना एक विशिष्ट ऊर्जात्मक पहचान लेकर चलती है, एक विशेष कंपन जो हमारे भीतर गूंजता है और हमारे समग्र अस्तित्व को प्रभावित करता है।

सकारात्मक भावनाएं, जैसे आनंद, प्रेम, कृतज्ञता, और करुणा, उच्च आवृत्तियों पर कंपन करती हैं, जिससे हल्कापन, विस्तार, और भलाई की भावनाएं उत्पन्न होती हैं। नकारात्मक भावनाएं, जैसे क्रोध, भय, दुख, और नाराजगी, निम्न आवृत्तियों पर कंपन करती हैं, जो भारीपन, संकुचन, और असुविधा की भावनाएं पैदा करती हैं।

हमारी भावनात्मक स्थिति केवल संयोग की बात नहीं है; यह हमारे भीतर प्रवाहित होने वाली ऊर्जा का सीधा प्रतिबिंब है। जब हमारी ऊर्जा साफ और संतुलित होती है, तो हम आमतौर पर आनंद, शांति, और संतोष जैसी सकारात्मक भावनाओं का अनुभव करते हैं। हालांकि, जब हमारी ऊर्जा अवरुद्ध या स्थिर होती है, तो हम अधिकतर नकारात्मक भावनाओं, जैसे क्रोध, चिंता, और अवसाद का अनुभव करने की संभावना रखते हैं।

ऊर्जा और भावनाओं के बीच संबंध एक दो-तरफा प्रक्रिया है। जैसे हमारी भावनाएं हमारी ऊर्जा को प्रभावित करती हैं, वैसे ही हमारी ऊर्जा भी हमारी भावनाओं से प्रभावित होती है। जब हम सकारात्मक भावनाओं का अनुभव करते हैं, तो हम अपनी कंपन आवृत्ति बढ़ाते हैं, जिससे हमारे जीवन में अधिक सकारात्मक ऊर्जा आकर्षित होती है। इसके विपरीत, जब हम नकारात्मक भावनाओं का अनुभव करते हैं, तो हम अपनी कंपन आवृत्ति को कम करते हैं, जिससे अधिक नकारात्मक ऊर्जा आकर्षित होती है।

यह एक प्रतिक्रिया चक्र बनाता है, जहां हमारी भावनाएं और ऊर्जा लगातार एक-दूसरे को सुदृढ़ करती हैं। यदि हम नकारात्मक भावनाओं के चक्र में फंसे हुए हैं, तो इससे बाहर निकलना कठिन हो सकता है, क्योंकि हमारी निम्न कंपन आवृत्ति अधिक नकारात्मकता को आकर्षित करती रहती है। हालांकि, सकारात्मक भावनाओं पर ध्यान केंद्रित करने और एक उच्च कंपन स्थिति को विकसित करने का सचेत निर्णय लेकर, हम इस गतिशीलता को बदल सकते हैं और जीवन का एक अधिक सकारात्मक और सशक्त अनुभव बना सकते हैं।

ऐसे कई उपकरण और तकनीकें हैं, जिनका उपयोग हम अपनी भावनाओं को प्रबंधित करने और एक अधिक संतुलित और सामंजस्यपूर्ण ऊर्जात्मक स्थिति को विकसित करने के लिए कर सकते हैं। इनमें से सबसे शक्तिशाली उपकरणों में से

एक है *माइंडफुलनेस*, जो हमारे वर्तमान क्षण के अनुभव पर गैर-आलोचनात्मक ध्यान देने की प्रथा है। माइंडफुलनेस को विकसित करके, हम अपनी भावनाओं को उनके उत्पन्न होने के साथ ही अधिक जागरूकता के साथ देख सकते हैं, जिससे उन्हें प्रभावित हुए बिना उनका निरीक्षण करने की अनुमति मिलती है। यह हमें अपनी भावनाओं का अधिक कौशलपूर्ण और करुणामय तरीके से जवाब देने के लिए स्थान प्रदान करता है, बजाय इसके कि हम आवेग में प्रतिक्रिया करें या उन्हें दबाएं।

एक और शक्तिशाली उपकरण ऊर्जा चिकित्सा है, जिसमें शरीर की ऊर्जा प्रणाली के साथ काम करना शामिल है ताकि अवरोधों को साफ किया जा सके, ऊर्जा प्रवाह को संतुलित किया जा सके, और सभी स्तरों पर उपचार को बढ़ावा दिया जा सके। ऊर्जा चिकित्सा विधियां, जैसे रेकी, थैरेप्युटिक टच, और *इमोशनल फ्रीडम टेकनीक* (EFT), फंसी हुई भावनाओं को मुक्त करने, तंत्रिका तंत्र को शांत करने, और ऊर्जात्मक सामंजस्य को बहाल करने में अत्यधिक प्रभावी हो सकती हैं।

आत्म-देखभाल प्रथाएं, जैसे स्वस्थ भोजन, नियमित व्यायाम, पर्याप्त नींद, और प्रकृति में समय बिताना, भी एक संतुलित और सामंजस्यपूर्ण ऊर्जात्मक स्थिति बनाए रखने के लिए आवश्यक हैं। ये प्रथाएं हमारे शरीर और मन को पोषण देती हैं, जो भावनात्मक भलाई के लिए आधार प्रदान करती हैं।

ऊर्जा और भावनाओं के बीच के संबंध को समझकर, हम अपनी भलाई को नियंत्रित कर सकते हैं और जीवन का एक अधिक सकारात्मक और सशक्त अनुभव बना सकते हैं। हम विभिन्न भावनाओं की ऊर्जात्मक पहचान को पहचानना, सकारात्मक भावनाओं को बढ़ावा देने और अपनी कंपन आवृत्ति को बढ़ाने वाली प्रथाओं को विकसित करना, और उन नकारात्मक भावनाओं को छोड़ना सीख सकते हैं जो हमारे विकास और भलाई में बाधा डाल रही हो सकती हैं। ऐसा करके, हम न केवल अपनी भलाई को बढ़ाते हैं, बल्कि अपने चारों ओर के लोगों की भलाई में भी योगदान करते हैं, सकारात्मक ऊर्जा की एक लहर प्रभाव पैदा करते हैं, जो स्वयं से बहुत आगे तक फैलती है।

"भावनाएं केवल क्षणिक संवेदनाएं नहीं हैं, बल्कि ऊर्जात्मक अभिव्यक्तियां हैं जो हमारी भलाई को आकार देती हैं। अपनी भावनाओं को करुणा के साथ अपनाएं, क्योंकि वे मूल्यवान सबक देती हैं और उपचार की ओर मार्गदर्शन करती हैं।"

13

ऊर्जा और अंतर्ज्ञान: मार्गदर्शन के लिए आंतरिक बुद्धिमत्ता तक पहुंच

हमारे अस्तित्व की गहराइयों में, तर्कसंगत सोच और तार्किक विश्लेषण से परे, एक गहन ज्ञान और मार्गदर्शन का स्रोत मौजूद है, जिसे अंतर्ज्ञान कहते हैं। इसे अक्सर "आंतरिक अनुभूति" या "छठी इंद्रिय" के रूप में वर्णित किया जाता है। अंतर्ज्ञान वह आंतरिक ज्ञान है जो हमारे चेतन मस्तिष्क की सीमाओं को पार करता है, ऐसी अंतर्दृष्टि और मार्गदर्शन प्रदान करता है, जो हमारे मार्ग को प्रकाशित कर सकता है और हमें अधिक संतुष्टि और भलाई की ओर ले जा सकता है। यह अंतर्निहित बुद्धिमत्ता हमारी ऊर्जा से गहराई से जुड़ी हुई है, जो हमारे भीतर एक सूक्ष्म प्रवाह की तरह बहती है और हमें ऐसे चुनाव और कार्यों की ओर प्रेरित करती है, जो हमारे उच्चतम कल्याण के अनुरूप होते हैं।

अंतर्ज्ञान कोई रहस्यमय शक्ति नहीं है, जो केवल कुछ चुनिंदा लोगों के लिए आरक्षित हो, बल्कि यह एक स्वाभाविक क्षमता है, जो हम सभी में मौजूद है। यह हमारी आत्मा की फुसफुसाहट है, ब्रह्मांड से एक कोमल संकेत है, जो हमें हमारे सच्चे मार्ग की ओर ले जाता है। फिर भी, हमारी आधुनिक दुनिया में, जहां सूचनाओं और उत्तेजनाओं की बाढ़ है, हम इस आंतरिक बुद्धिमत्ता से संपर्क खो

सकते हैं। हम बाहरी दुनिया में इतने उलझ सकते हैं कि भीतर की शांत आवाज को सुनना भूल जाते हैं।

हमारे अंतर्ज्ञान तक पहुंचने की कुंजी हमारी ऊर्जा से गहरे संबंध को विकसित करने में निहित है। हमारी ऊर्जा केवल एक भौतिक बल नहीं है; यह एक गतिशील और बुद्धिमान क्षेत्र है, जो हमारे बारे में, दूसरों के बारे में, और हमारे चारों ओर की दुनिया के बारे में जानकारी वहन करता है। इस ऊर्जात्मक क्षेत्र में तालमेल बिठाना सीखकर, हम ज्ञान और मार्गदर्शन के एक खजाने तक पहुंच सकते हैं, जो जीवन की चुनौतियों का सामना करने और ऐसे चुनाव करने में हमारी मदद कर सकता है, जो हमारे सर्वोत्तम कल्याण के अनुरूप हों।

हमारे अंतर्ज्ञान से जुड़ने के सबसे शक्तिशाली तरीकों में से एक है *माइंडफुलनेस* का अभ्यास। हमारे वर्तमान क्षण के अनुभव पर गैर-आलोचनात्मक ध्यान देकर, हम अपने अंतर्ज्ञान के प्रकट होने के लिए एक स्थान बनाते हैं। जैसे ही हम अपने विचारों के शोर को शांत करते हैं और खुद को वर्तमान क्षण के लिए खोलते हैं, हम अपनी आंतरिक बुद्धिमत्ता की सूक्ष्म फुसफुसाहटों के प्रति अधिक ग्रहणशील बन जाते हैं।

ध्यान अंतर्ज्ञान तक पहुंचने का एक और शक्तिशाली उपकरण है। अपने मन को स्थिर करके और अपने ध्यान को भीतर केंद्रित करके, हम अपने अस्तित्व की गहरी परतों तक पहुंच सकते हैं, जहां अंतर्ज्ञान निवास करता है। ध्यान के दौरान, हमें किसी विशेष स्थिति पर मार्गदर्शन या स्पष्टता प्रदान करने वाली अंतर्दृष्टि, छवियां, या भावनाएं प्राप्त हो सकती हैं।

प्रकृति में समय बिताना भी हमारे अंतर्ज्ञान को बढ़ा सकता है। प्राकृतिक दुनिया ऐसी आवृत्ति पर कंपन करती है, जो हमारी अपनी आवृत्ति के साथ सामंजस्यपूर्ण होती है, जिससे हमारे मन को शांत करने और हमारे दिल को खोलने में मदद मिलती है। जैसे-जैसे हम पृथ्वी की ऊर्जा से जुड़ते हैं, हम उन सूक्ष्म संकेतों और संकेतों के प्रति अधिक सजग हो जाते हैं, जो प्रकृति हमें प्रदान करती है।

इन प्रथाओं के अलावा, ऐसे विशिष्ट तकनीकें भी हैं, जिनका उपयोग अंतर्ज्ञान तक पहुंचने के लिए किया जा सकता है। इनमें से एक तकनीक है *मसल टेस्टिंग* या

एप्लाइड काइन्सियोलॉजी। इसमें शरीर की सूक्ष्म मांसपेशियों की प्रतिक्रियाओं का उपयोग करके हां या ना के सवालों का जवाब प्राप्त करना शामिल है। एक प्रश्न पूछकर और शरीर की प्रतिक्रिया का अवलोकन करके, हम अपने अवचेतन मन से जुड़ सकते हैं और अपने अंतर्ज्ञानपूर्ण ज्ञान तक पहुंच सकते हैं।

एक और तकनीक है *पेंडुलम डाउजिंग*, जिसमें एक पेंडुलम का उपयोग करके प्रश्नों के उतर प्राप्त किए जाते हैं। पेंडुलम हमारे प्रश्नों के उतर में विभिन्न दिशाओं में झूलता है, जिससे हमें अंतर्ज्ञानपूर्ण मार्गदर्शन मिलता है।

यह ध्यान रखना महत्वपूर्ण है कि अंतर्ज्ञान हमेशा स्पष्ट या व्याख्या में आसान नहीं होता। कभी-कभी हमारा अंतर्ज्ञान एक अस्पष्ट भावना, एक क्षणिक छवि, या एक सूक्ष्म संवेदना के रूप में आ सकता है। इन सूक्ष्म संकेतों पर भरोसा करना और अंतर्ज्ञान और भय या इच्छाधारित सोच के बीच अंतर करना सीखना आवश्यक है।

जैसे-जैसे हम अपने अंतर्ज्ञान को विकसित करते हैं, यह याद रखना भी महत्वपूर्ण है कि यह तर्क और कारण का विकल्प नहीं है। अंतर्ज्ञान एक मूल्यवान उपकरण है, जो हमारे तर्कसंगत मन को पूरक कर सकता है, ऐसी अंतर्दृष्टि और दृष्टिकोण प्रदान कर सकता है, जिन्हें हमने अन्यथा विचार नहीं किया हो। अपने अंतर्ज्ञान को अपने तर्कसंगत मन के साथ एकीकृत करके, हम अधिक सूचित और सशक्त विकल्प बना सकते हैं, जो हमारे सर्वोत्तम कल्याण के अनुरूप हों।

अंतर्ज्ञान एक ऐसा उपहार है, जो हम सभी में मौजूद है, एक मार्गदर्शक प्रकाश जो हमारे रास्ते को प्रकाशित कर सकता है और हमें अधिक संतुष्टि और भलाई की ओर ले जा सकता है। अपनी ऊर्जा से गहरे संबंध को विकसित करके और अपनी आंतरिक बुद्धिमत्ता पर भरोसा करना सीखकर, हम इस शक्तिशाली संसाधन तक पहुंच सकते हैं और उद्देश्य, अर्थ, और खुशी से भरे जीवन को जीने की अपनी पूरी क्षमता को खोल सकते हैं।

"अंतर्ज्ञान आपका मार्गदर्शक है, आपका आंतरिक जीपीएस, जो आपको आपके उच्चतम कल्याण की ओर ले जाता है। इसकी फुसफुसाहटों पर भरोसा करें, इसके मार्गदर्शन का पालन करें, और उस बुद्धिमत्ता को खोलें, जो आपके भीतर निवास करती है।"

14

आध्यात्मिक सुरक्षा: नकारात्मक ऊर्जाओं से स्वयं को सुरक्षित रखना

आध्यात्मिक विकास और ऊर्जात्मक भलाई के ताने-बाने में, आध्यात्मिक सुरक्षा की अवधारणा एक मूलभूत अभ्यास के रूप में उभरती है। यह मान्यता देती है कि जैसे हम अपने भौतिक शरीर की देखभाल स्वस्थ आदतों से करते हैं और उसे हानि से बचाते हैं, वैसे ही हमारी ऊर्जात्मक और आध्यात्मिक आत्मा को भी नकारात्मक प्रभावों से सुरक्षा की आवश्यकता होती है। आध्यात्मिक सुरक्षा भय या अलगाव के बारे में नहीं है, बल्कि यह एक सचेत चुनाव है कि हम अपने लिए एक सुरक्षित और पवित्र स्थान बनाएं, जहां हम उन्नति और प्रगति कर सकें।

ऊर्जा सर्वव्यापी है, हमारे भीतर, हमारे चारों ओर प्रवाहित होती है और हमें हर चीज और हर व्यक्ति से जोड़ती है। यह ऊर्जा सकारात्मक, उत्साहजनक, और पोषण करने वाली हो सकती है, या नकारात्मक, ऊर्जा को समाप्त करने वाली और विघटनकारी हो सकती है। नकारात्मक ऊर्जाएं विभिन्न रूपों में प्रकट हो सकती हैं, जैसे विषाक्त वातावरण, चुनौतीपूर्ण संबंध, या आंतरिक रूप से स्थापित विश्वास और भावनाएं। हालांकि नकारात्मक ऊर्जाओं से पूरी तरह बचना असंभव है, लेकिन हम उनके हानिकारक प्रभावों से खुद को सुरक्षित रखना और अपनी ऊर्जात्मक अखंडता बनाए रखना सीख सकते हैं।

आध्यात्मिक सुरक्षा में आत्म-जागरूकता की एक मजबूत भावना और हमारी आंतरिक बुद्धिमत्ता से एक गहरा संबंध विकसित करना शामिल है। अपनी अंतर्ज्ञान को सुनकर, हम यह पहचान सकते हैं कि कौन सी ऊर्जाएं हमारे भलाई के लिए सहायक हैं और कौन सी हानिकारक। यह विवेक हमें इस बारे में सचेत निर्णय लेने की अनुमति देता है कि हम अपने ऊर्जात्मक स्थान में किसे और क्या अनुमति देते हैं।

नकारात्मक ऊर्जाओं से खुद को सुरक्षित रखने के सबसे प्रभावी तरीकों में से एक है स्पष्ट सीमाओं को स्थापित करना। इसमें यह परिभाषित करना शामिल है कि हम अपने रिश्तों, अपने काम, और सामान्य रूप से अपने जीवन में क्या सहन करने के लिए तैयार हैं और क्या नहीं। इसका अर्थ उन परिस्थितियों या लोगों से "ना" कहना है, जो हमारी ऊर्जा को समाप्त करते हैं या हमारे मूल्यों से समझौता करते हैं। इसका यह भी मतलब है कि अवांछित घुसपैठ से खुद को बचाने के लिए शारीरिक और ऊर्जात्मक सीमाएं बनाना।

दृश्यकरण आध्यात्मिक सुरक्षा के लिए एक शक्तिशाली उपकरण है। खुद को प्रकाश की एक सुरक्षात्मक ढाल से घिरा हुआ कल्पना करके, हम एक ऐसी बाधा बनाते हैं, जो नकारात्मक ऊर्जाओं को परावर्तित करती है। यह ढाल एक सफेद प्रकाश, एक सुनहरी बुलबुला, या कोई अन्य छवि हो सकती है, जो हमें प्रेरित करती है। इस ढाल को कल्पना करते समय, हम अपनी ऊर्जात्मक अखंडता बनाए रखने और सुरक्षित रहने के अपने इरादे को दृढ़ करते हैं।

प्रार्थना और ध्यान भी हमारी आध्यात्मिक सुरक्षा को मजबूत करने के प्रभावी तरीके हैं। अपने उच्चतर शक्ति से जुड़कर, हम दिव्य सुरक्षा और मार्गदर्शन के स्रोत तक पहुंच सकते हैं। प्रार्थना के माध्यम से, हम सुरक्षा और मार्गदर्शन के लिए प्रार्थना कर सकते हैं, जबकि ध्यान हमें आंतरिक शांति और स्थिरता की स्थिति विकसित करने में मदद कर सकता है, जो नकारात्मकता का सामना करने में सहायक होती है।

क्रिस्टल और रत्न भी आध्यात्मिक सुरक्षा के लिए उपयोग किए जा सकते हैं। कुछ पत्थर, जैसे ब्लैक टूमलाइन, स्मोकी क्वार्ट्ज, और ओब्सीडियन, अपनी नकारात्मक ऊर्जा को अवशोषित करने और परिवर्तित करने की क्षमता के लिए

जाने जाते हैं। इन पत्थरों को पहनकर या अपने पास रखकर, हम अपने चारों ओर एक सुरक्षात्मक ऊर्जात्मक बाधा बना सकते हैं।

स्मजिंग एक और प्राचीन प्रथा है, जो आध्यात्मिक सुरक्षा के लिए उपयोगी हो सकती है। इसमें पवित्र जड़ी-बूटियों, जैसे सेज, सीडर, या स्वीटग्रास को जलाना और धुएं को हमारे ऊर्जा क्षेत्र और हमारे परिवेश को शुद्ध करने देना शामिल है। स्मजिंग नकारात्मक ऊर्जा को साफ करने, वायु को शुद्ध करने, और उपचार और परिवर्तन के लिए एक पवित्र स्थान बनाने में मदद कर सकती है।

इन विशिष्ट तकनीकों के अलावा, कुछ जीवनशैली प्रथाएं भी हैं, जो हमारी आध्यात्मिक सुरक्षा को बढ़ा सकती हैं। इनमें एक स्वस्थ आहार बनाए रखना, पर्याप्त नींद लेना, नियमित व्यायाम करना, और प्रकृति में समय बिताना शामिल है। अपने शारीरिक शरीरों की देखभाल करके, हम अपने ऊर्जात्मक शरीरों को भी मजबूत करते हैं, जिससे वे नकारात्मक प्रभावों के प्रति अधिक लचीले बनते हैं।

सकारात्मक भावनाओं, जैसे कृतज्ञता, आनंद, और करुणा को विकसित करना, आध्यात्मिक सुरक्षा का एक और महत्वपूर्ण पहलू है। ये भावनाएं हमारी कंपन आवृति को बढ़ाती हैं, जिससे निम्न कंपन ऊर्जाओं के लिए हमें प्रभावित करना अधिक कठिन हो जाता है। सकारात्मकता पर ध्यान केंद्रित करके, हम एक ऐसा ऊर्जात्मक क्षेत्र बनाते हैं, जो नकारात्मकता के लिए कम आकर्षक होता है।

आध्यात्मिक सुरक्षा एक बार की घटना नहीं है, बल्कि एक सतत अभ्यास है। इसके लिए आत्म-जागरूकता, आत्म-देखभाल, और सीमाएं निर्धारित करने और ऐसे विकल्प बनाने की प्रतिबद्धता की आवश्यकता होती है, जो हमारी भलाई का समर्थन करें। इन प्रथाओं को अपने दैनिक जीवन में शामिल करके, हम अपने लिए एक पवित्र स्थान बना सकते हैं, जहां हम उन्नति कर सकते हैं, प्रगति कर सकते हैं, और अपनी उच्चतम क्षमता को पूरा कर सकते हैं।

"आध्यात्मिक सुरक्षा भय के बारे में नहीं, बल्कि सशक्तिकरण के बारे में है। अपने लिए एक पवित्र स्थान बनाएं, स्वस्थ सीमाएं निर्धारित करें, और अपनी ऊर्जा को नकारात्मक प्रभावों से सुरक्षित रखें।"

15

रिश्तों में ऊर्जा: स्वस्थ संबंधों की खेती करना

रिश्ते हमारे जीवन के ताने-बाने में जीवंत धागे हैं, जो हमारे अनुभवों को आकार देते हैं, हमारी भलाई को प्रभावित करते हैं, और अंततः हमारी यात्रा को परिभाषित करते हैं। मानवीय जुड़ाव के इस जटिल नृत्य में, ऊर्जा एक महत्वपूर्ण भूमिका निभाती है, जो हमारे संबंधों की गतिशीलता, गहराई, और समग्र स्वास्थ्य को प्रभावित करती है। रिश्तों के ऊर्जात्मक पहलू को समझकर, हम अधिक स्वस्थ और संतोषजनक संबंध बना सकते हैं, जो हमारी आत्मा को पोषित करते हैं और हमारे जीवन को समृद्ध बनाते हैं।

अपनी मूल प्रकृति में, ऊर्जा वह जीवन शक्ति है, जो सभी जीवित प्राणियों को सक्रिय करती है, हमारे भीतर प्रवाहित होती है और हमें हर चीज और हर व्यक्ति से जोड़ती है। रिश्तों के संदर्भ में, यह ऊर्जा एक अदृश्य प्रवाह के रूप में प्रकट होती है, जो व्यक्तियों के बीच बहती है और भावनाओं, विचारों, और अनुभवों का एक गतिशील आदान-प्रदान बनाती है। यह ऊर्जात्मक आदान-प्रदान सकारात्मक, उत्साहजनक, और पोषण करने वाला हो सकता है, या यह नकारात्मक, थकाने वाला, और समाप्त करने वाला हो सकता है।

जब हम किसी रिश्ते में प्रवेश करते हैं, तो हमारी ऊर्जा क्षेत्रों का परस्पर संवाद होता है और एक अनूठी ऊर्जात्मक गतिशीलता बनती है। यह गतिशीलता सामंजस्यपूर्ण और सहायक हो सकती है, जिससे प्रेम, विश्वास, और जुड़ाव की

भावना को बढ़ावा मिलता है। हालांकि, यह असंगत और थकाने वाली भी हो सकती है, जो संघर्ष, गलतफहमी, और भावनात्मक उथल-पुथल का कारण बन सकती है।

हमारे रिश्तों की गुणवत्ता काफी हद तक हमारे ऊर्जात्मक आदान-प्रदान की गुणवत्ता पर निर्भर करती है। जब हम खुले दिल, स्पष्ट मन, और सकारात्मक इरादे के साथ रिश्तों की ओर बढ़ते हैं, तो हम प्रेम, करुणा, और समझ के खिलने के लिए एक स्थान बनाते हैं। हालांकि, जब हम भय, निर्णय, या नकारात्मकता के साथ रिश्तों की ओर बढ़ते हैं, तो हम संघर्ष, नाराजगी, और अलगाव के लिए एक स्थान बनाते हैं।

स्वस्थ रिश्तों की खेती के लिए सबसे महत्वपूर्ण कारकों में से एक है अपनी स्वयं की ऊर्जात्मक स्थिति के प्रति जागरूक होना। हमारे विचार, भावनाएं, और विश्वास सभी एक ऊर्जात्मक पहचान रखते हैं, जिन्हें हम दूसरों पर प्रक्षिप्त करते हैं। यदि हम नकारात्मकता से भरे हुए हैं, तो हम नकारात्मक अनुभवों और अंतःक्रियाओं को आकर्षित करने की संभावना रखते हैं। इसके विपरीत, यदि हम सकारात्मक भावनाओं और विचारों को विकसित करते हैं, तो हम सकारात्मक और उत्साहजनक अनुभवों को आकर्षित करने की अधिक संभावना रखते हैं।

माइंडफुलनेस हमारी ऊर्जात्मक स्थिति के प्रति जागरूकता विकसित करने के लिए एक शक्तिशाली उपकरण है। वर्तमान क्षण में अपने विचारों, भावनाओं, और शारीरिक संवेदनाओं पर ध्यान देकर, हम अपनी ऊर्जा और यह कैसे हमारे रिश्तों को प्रभावित करती है, के प्रति अधिक संवेदनशील बन सकते हैं। हम यह भी पहचान सकते हैं कि कब हमारी ऊर्जा समाप्त हो रही है या दूसरों द्वारा नकारात्मक रूप से प्रभावित हो रही है।

स्वस्थ रिश्तों की खेती का एक और महत्वपूर्ण पहलू स्पष्ट सीमाओं को स्थापित करना है। इसमें यह परिभाषित करना शामिल है कि हम अपनी अंतःक्रियाओं में क्या सहन करने के लिए तैयार हैं और क्या नहीं। इसका अर्थ है, जब आवश्यक हो, "ना" कहना और यह निर्धारित करना कि हम दूसरों को अपनी ऊर्जा से कितना देना चाहते हैं। सीमाएं हमारी अपनी भलाई की रक्षा करने और यह सुनिश्चित करने के लिए आवश्यक हैं कि हमारे रिश्ते पारस्परिक सम्मान और आदान-प्रदान

पर आधारित हों।

संचार स्वस्थ रिश्तों की खेती में एक और महत्वपूर्ण कारक है। खुला, ईमानदार, और करुणामय संचार हमें अपनी ज़रूरतों को व्यक्त करने, अपनी भावनाओं को साझा करने, और विवादों को रचनात्मक तरीके से हल करने की अनुमति देता है। यह हमें दूसरों के साथ विश्वास बनाने और गहरा जुड़ाव विकसित करने में भी मदद करता है।

क्षमा किसी भी स्वस्थ रिश्ते में एक आवश्यक घटक है। नाराजगी और द्वेष को पकड़े रहना एक विषाक्त ऊर्जात्मक वातावरण बनाता है, जो हमारे रिश्तों को विषाक्त करता है और हमारी अपनी भलाई को नुकसान पहुंचाता है। क्षमा का अर्थ हानिकारक व्यवहार को सहन करना नहीं है, बल्कि इसका अर्थ है अतीत से जुड़ी नकारात्मक ऊर्जा को छोड़ना और उपचार और मेल-मिलाप के लिए स्थान बनाना।

कृतज्ञता एक और शक्तिशाली भावना है, जो हमारे रिश्तों को बेहतर बना सकती है। हमारे जीवन में लोगों और उनके द्वारा लाई गई आशीर्वादों के लिए कृतज्ञता व्यक्त करके, हम एक सकारात्मक ऊर्जात्मक क्षेत्र को विकसित करते हैं, जो हमारे रिश्तों में अधिक प्रेम, आनंद, और समृद्धि को आकर्षित करता है।

स्वस्थ रिश्तों की खेती एक सतत प्रक्रिया है, जिसके लिए प्रयास, प्रतिबद्धता, और सीखने और बढ़ने की इच्छा की आवश्यकता होती है। हमारे रिश्तों में ऊर्जा की भूमिका को समझकर और माइंडफुलनेस, सीमाएं निर्धारित करने, संचार, क्षमा, और कृतज्ञता जैसे उपकरणों का उपयोग करके, हम गहरे, अधिक संतोषजनक संबंध बना सकते हैं, जो हमारी आत्मा को पोषित करते हैं और हमारे जीवन को समृद्ध बनाते हैं।

"रिश्ते ऊर्जात्मक आदान-प्रदान हैं, जुड़ाव और विकास का एक नृत्य। स्वस्थ संबंधों को विकसित करें, करुणा के साथ संवाद करें, और प्रेम को अपनी मार्गदर्शक शक्ति बनाएं।"

16

ऊर्जा और पर्यावरण: हमारे ऊर्जा प्रभाव का दुनिया पर असर

जीवन के जटिल नृत्य में, ऊर्जा वह धड़कन है, जो हर जीवित प्राणी और उन्हें पोषित करने वाले पर्यावरण में प्रवाहित होती है। ऊर्जा और पर्यावरण के बीच संबंध अटूट है, एक सहजीवी रिश्ता जो हमारी दुनिया को आकार देता है और इसके भविष्य को निर्धारित करता है। हमारे कार्य, चुनाव, और खपत के तरीके पर्यावरण पर गहरा ऊर्जात्मक प्रभाव छोड़ते हैं, इसके स्वास्थ्य, जीवन शक्ति, और लचीलापन को प्रभावित करते हैं। इस ऊर्जात्मक प्रभाव को समझना हमारे ग्रह के साथ एक स्थायी और सामंजस्यपूर्ण संबंध बनाने के लिए आवश्यक है।

अपनी मूल प्रकृति में, ऊर्जा वह जीवन शक्ति है, जो ब्रह्मांड में हर चीज को शक्ति देती है, सबसे छोटे परमाणु से लेकर विशाल अंतरिक्ष तक। पर्यावरण के संदर्भ में, ऊर्जा विभिन्न रूपों में प्रकट होती है, जैसे सौर विकिरण, पवन, जल, भू-तापीय गर्मी, और जीवाश्म ईंधन और जैव ईंधन में संग्रहीत ऊर्जा। ये ऊर्जा स्रोत प्राकृतिक प्रक्रियाओं को चलाते हैं, पारिस्थितिक तंत्रों को बनाए रखते हैं, और मानव सभ्यता की नींव प्रदान करते हैं।

हालांकि, ऊर्जा के प्रति हमारी असीमित मांग ने इन संसाधनों के अभूतपूर्व शोषण को जन्म दिया है, जिसके परिणामस्वरूप पर्यावरण पर गहरे और अक्सर

हानिकारक प्रभाव पड़ते हैं। उदाहरण के लिए, जीवाश्म ईंधन का जलाना वातावरण में ग्रीनहाउस गैसों को छोड़ता है, जो जलवायु परिवर्तन, समुद्र स्तर में वृद्धि, और चरम मौसम की घटनाओं में योगदान करता है। भूमि और संसाधनों की मांग से प्रेरित वनों की कटाई पारिस्थितिक तंत्रों को बाधित करती है, जैव विविधता को कम करती है, और मिट्टी के कटाव और जल प्रदूषण में योगदान देती है।

ऊर्जा संसाधनों का निष्कर्षण और प्रसंस्करण भी पर्यावरण पर महत्वपूर्ण प्रभाव डालता है। खनन संचालन परिदृश्य को विकृत कर सकते हैं, जलमार्गों को प्रदूषित कर सकते हैं, और समुदायों को विस्थापित कर सकते हैं। बांधों और जलाशयों का निर्माण नदियों के प्रवाह को बदल सकता है, मछलियों के प्रवास के पैटर्न को बाधित कर सकता है, और मूल्यवान आवासों को जलमग्न कर सकता है। ऊर्जा का परिवहन और भंडारण, चाहे वह तेल, गैस, या बिजली हो, रिसाव और दुर्घटनाओं का कारण बन सकता है, जो पर्यावरण के लिए विनाशकारी परिणाम ला सकते हैं।

लेकिन पर्यावरण पर हमारा ऊर्जात्मक प्रभाव केवल संसाधनों के निष्कर्षण और खपत तक सीमित नहीं है। हमारे विचार, भावनाएं, और कार्य भी हमारे चारों ओर की दुनिया पर ऊर्जात्मक प्रभाव डालते हैं। नकारात्मक भावनाएं, जैसे क्रोध, भय, और नाराजगी, एक विषाक्त ऊर्जात्मक वातावरण बना सकती हैं, जो हमारे परिवेश को प्रदूषित करती हैं और असंतोष और संघर्ष में योगदान करती हैं। इसके विपरीत, सकारात्मक भावनाएं, जैसे प्रेम, करुणा, और कृतज्ञता, पर्यावरण पर एक उपचार और उत्साहजनक प्रभाव डाल सकती हैं, जो शांति, सामंजस्य, और भलाई को बढ़ावा देती हैं।

हमारी सामूहिक चेतना भी हमारे ग्रह के ऊर्जात्मक परिदृश्य को आकार देने में भूमिका निभाती है। जब बड़ी संख्या में लोग किसी विशेष मुद्दे, जैसे शांति या पर्यावरण संरक्षण, पर अपना ध्यान और इरादा केंद्रित करते हैं, तो वे एक शक्तिशाली ऊर्जात्मक क्षेत्र बना सकते हैं, जो घटनाओं और परिणामों को प्रभावित कर सकता है। यह सामूहिक ध्यान और प्रार्थना के पीछे का सिद्धांत है, जो हिंसा को कम करने और उपचार को बढ़ावा देने पर मापने योग्य प्रभाव दिखा चुका है।

पर्यावरण पर हमारे ऊर्जात्मक प्रभाव को कम करने के लिए, हमें ऊर्जा खपत के प्रति एक अधिक जागरूक और जिम्मेदार दृष्टिकोण अपनाना चाहिए। इसमें जीवाश्म ईंधन पर हमारी निर्भरता को कम करना, नवीकरणीय ऊर्जा स्रोतों की ओर संक्रमण करना, और हमारे घरों, व्यवसायों, और समुदायों में ऊर्जा-कुशल प्रथाओं को लागू करना शामिल है। इसका मतलब यह भी है कि अपनी खुद की ऊर्जा खपत के पैटर्न के प्रति सचेत रहना और ऐसे विकल्प बनाना, जो एक स्थायी और न्यायसंगत ऊर्जा भविष्य का समर्थन करें।

ऊर्जा खपत को कम करने के अलावा, हम पर्यावरण के उपचार में सक्रिय रूप से योगदान कर सकते हैं, जैसे ऊर्जा चिकित्सा, पर्यावरणीय सक्रियता, और सचेत उपभोक्तावाद। ऊर्जा चिकित्सा तकनीकें, जैसे रेकी और पृथ्वी चिकित्सा, प्रदूषित स्थलों से नकारात्मक ऊर्जाओं को साफ करने, पारिस्थितिक तंत्रों में संतुलन बहाल करने, और ग्रह की भलाई को बढ़ावा देने के लिए उपयोग की जा सकती हैं। पर्यावरणीय सक्रियता जागरूकता बढ़ा सकती है, नीति परिवर्तनों के लिए समर्थन कर सकती है, और पर्यावरण की रक्षा के लिए सामूहिक कार्रवाई को प्रेरित कर सकती है। सचेत उपभोक्तावाद में उन व्यवसायों और उत्पादों का समर्थन करना शामिल है, जो टिकाऊ और नैतिक हैं, हमारे पारिस्थितिक पदचिह्न को कम करना, और एक स्वस्थ ग्रह के लिए अपने वित्तीय निर्णयों से योगदान देना।

पर्यावरण के साथ हमारे आपसी संबंध को पहचानकर और हमारे ऊर्जात्मक प्रभाव की जिम्मेदारी लेकर, हम पृथ्वी के साथ एक अधिक सामंजस्यपूर्ण और स्थायी संबंध बना सकते हैं। हम प्रभुत्व और शोषण की मानसिकता से अभिभावकता और आदर की मानसिकता की ओर स्थानांतरित हो सकते हैं, पृथ्वी को एक पवित्र और जीवित इकाई के रूप में सम्मानित कर सकते हैं। हम एक स्वस्थ और अधिक जीवंत ग्रह के सह-निर्माता के रूप में अपनी भूमिका को अपनाकर, एक ऐसा भविष्य बनाने के लिए मिलकर काम कर सकते हैं, जहां मानव और प्रकृति दोनों समृद्ध हो सकें।

"हमारे कार्य जीवन के आपस में जुड़े जाल में तरंगें पैदा करते हैं, पर्यावरण पर ऊर्जात्मक प्रभाव छोड़ते हैं। समझदारी से चुनें, सचेत रूप से खपत करें, और पृथ्वी पर हल्के कदमों से चलें।"

17

ऊर्जा और कर्म: कारण और प्रभाव के नियम को समझना

ऊर्जा और कर्म, जो देखने में दो अलग-अलग अवधारणाएं लगती हैं, गहराई से परस्पर जुड़ी हुई हैं, और यह एक ऐसा मूलभूत सिद्धांत बनाती हैं, जो ब्रह्मांड को संचालित करता है और हमारे व्यक्तिगत अनुभवों को आकार देता है। कर्म, जिसे अक्सर पुरस्कार और दंड की प्रणाली के रूप में गलत समझा जाता है, वास्तव में कारण और प्रभाव का नियम है। यह सिद्धांत बताता है कि हमारा हर कार्य, विचार, और इरादा एक ऊर्जात्मक तरंग उत्पन्न करता है, जो अंततः हमारे पास लौटती है। यह ऊर्जात्मक आदान-प्रदान, जो कारण और प्रभाव का निरंतर नृत्य है, हमारे जीवन के ताने-बाने को बुनता है, हमारे भाग्य को आकार देता है और हमारे विकास का मार्गदर्शन करता है।

अपनी मूल प्रकृति में, ऊर्जा ब्रह्मांड की आधारभूत इकाई है, वह जीवन शक्ति जो सभी चीजों को सक्रिय करती है। यह विभिन्न रूपों में मौजूद होती है, जैसे विचारों और भावनाओं के सूक्ष्म कंपन से लेकर शारीरिक गतिविधि की गतिज ऊर्जा तक। जो भी कार्य हम करते हैं, जो भी शब्द हम बोलते हैं, जो भी विचार हम सोचते हैं, वह एक ऊर्जात्मक आवेग उत्पन्न करता है, जो ब्रह्मांड में गूंजता है।

कर्म यह सिद्धांत है कि ये ऊर्जात्मक आवेग केवल शून्य में विलुप्त नहीं होते,

बल्कि एक तरंग प्रभाव उत्पन्न करते हैं, जो अंततः हमारे पास लौटता है। सार रूप में, हम अपने कार्यों, विचारों और इरादों के माध्यम से लगातार बीज बो रहे हैं, और ये बीज अंततः फल देंगे, चाहे इस जीवन में या अगले जीवन में। यह भाग्य या पूर्वनिर्धारण का मामला नहीं है, बल्कि सभी चीजों की आपस में जुड़ी प्रकृति का स्वाभाविक परिणाम है।

कर्म का नियम हमारे अस्तित्व के सभी स्तरों पर संचालित होता है – शारीरिक, भावनात्मक, मानसिक, और आध्यात्मिक। शारीरिक स्तर पर, हमारे कार्य हमारे शरीर और हमारे चारों ओर की दुनिया के लिए सीधे परिणाम ला सकते हैं। उदाहरण के लिए, यदि हम अस्वस्थ आदतों में लिप्त होते हैं, जैसे धूम्रपान करना या अधिक खाना, तो हमें इसका परिणाम शारीरिक बीमारियों के रूप में भुगतना पड़ सकता है। भावनात्मक स्तर पर, हमारे विचार और भावनाएं ऊर्जात्मक पैटर्न बना सकती हैं, जो हमारे जीवन में समान अनुभवों को आकर्षित करती हैं। यदि हम क्रोध और नाराजगी को बनाए रखते हैं, तो हम खुद को ऐसी स्थितियों में पा सकते हैं, जो उन भावनाओं को और अधिक ट्रिगर करती हैं। मानसिक स्तर पर, हमारे विश्वास और दृष्टिकोण हमारी वास्तविकता की धारणा को आकार देते हैं और हमारे चुनावों और कार्यों को प्रभावित करते हैं। यदि हम मानते हैं कि हम अयोग्य या अक्षम हैं, तो हम आत्म-पूर्ति करने वाले भविष्यवाणियों का निर्माण कर सकते हैं, जो हमारी क्षमता को सीमित कर देते हैं। आध्यात्मिक स्तर पर, हमारा कर्म हमारे कार्यों, विचारों, और इरादों का कुल योग है, जो हमारे आत्मा की यात्रा और विकास को आकार देता है।

कर्म के नियम को समझना सशक्त और मुक्तिदायक दोनों हो सकता है। यह हमें याद दिलाता है कि हम परिस्थितियों के शिकार नहीं हैं, बल्कि अपनी वास्तविकता के सक्रिय निर्माता हैं। अपने कार्यों, विचारों, और इरादों को समझदारी से चुनकर, हम सकारात्मक कर्म का निर्माण कर सकते हैं, जो अधिक खुशी, संतोष, और भलाई की ओर ले जाएगा। यह हमें अपने कार्यों और उनके परिणामों की जिम्मेदारी लेने के लिए प्रोत्साहित करता है, यह मान्यता देते हुए कि हम उस ऊर्जा के लिए जवाबदेह हैं, जो हम दुनिया में उत्पन्न करते हैं।

हालांकि, कर्म केवल नकारात्मक कार्यों से बचने और सकारात्मक कार्यों को अपनाने का मामला नहीं है। यह अपनी गलतियों से सीखने और उन्हें विकास

और परिवर्तन के अवसरों के रूप में उपयोग करने के बारे में भी है। जब हम चुनौतियों या बाधाओं का सामना करते हैं, तो हम उन्हें कर्मिक पाठ के रूप में देख सकते हैं, जो हमें हमारे स्वयं के पैटर्न और प्रवृतियों में मूल्यवान अंतर्दृष्टि प्रदान करते हैं। इन चुनौतियों को विनम्रता और सीखने की इच्छा के साथ अपनाकर, हम नकारात्मक कर्म को सकारात्मक कर्म में बदल सकते हैं और एक अधिक संतोषजनक और आनंदपूर्ण जीवन बना सकते हैं।

कर्म का नियम हमें यह भी याद दिलाता है कि इस यात्रा में हम अकेले नहीं हैं। हम सभी परस्पर जुड़े हुए हैं, और हमारे कार्यों का प्रभाव हमारे अपने से कहीं आगे तक पहुंचता है। दयालुता, करुणा, और उदारता के साथ कार्य करके, हम सकारात्मक कर्म का निर्माण करते हैं, जो न केवल हमें बल्कि हमारे चारों ओर के लोगों और पूरी दुनिया को लाभ पहुंचाता है।

अंततः, कर्म एक अच्छा करने वाली शक्ति है, जो हमें हमारी उच्चतम क्षमता की ओर मार्गदर्शन करती है और हमें एक अधिक सामंजस्यपूर्ण और संतुलित दुनिया बनाने में मदद करती है। कारण और प्रभाव के नियम को समझकर और अपनाकर, हम उद्देश्य, अर्थ, और आनंद से भरे जीवन को विकसित कर सकते हैं, यह जानते हुए कि हम अपनी नियति के प्रकट होने में सक्रिय भागीदार हैं।

"कर्म दंड नहीं है, बल्कि कारण और प्रभाव का सार्वभौमिक नियम है। हर कार्य, विचार, और इरादा एक ऊर्जात्मक तरंग को उत्पन्न करता है, जो आपके पास लौटता है। समझदारी से चुनें।"

18

ऊर्जा और आत्मा: अपने उच्चतर स्व से जुड़ना

मानव अस्तित्व के ताने-बाने में आत्मा एक उज्ज्वल धागे के रूप में उभरती है, जो हमारे शारीरिक, भावनात्मक और आध्यात्मिक अनुभवों को जोड़कर गहरे अर्थ और उद्देश्य का एक अद्वितीय ताना-बाना बुनती है। हमारे अस्तित्व का यह सार, जिसे अक्सर हमारे "उच्चतर स्व" के रूप में संदर्भित किया जाता है, हमारी बुद्धिमत्ता, अंतर्ज्ञान, और दिव्य संबंध का केंद्र है। यह हमारी सबसे गहरी इच्छाओं, हमारी महानतम आकांक्षाओं, और हमारी सबसे गहन अंतर्दृष्टियों का स्रोत है। अपने उच्चतर स्व से जुड़ना आत्म-खोज की एक यात्रा है, अपनी सच्ची प्रकृति को जागृत करने की प्रक्रिया है, और अधिक संतोष, शांति, और आनंद की ओर बढ़ने का एक मार्ग है।

अपनी मूल प्रकृति में, ऊर्जा वह जीवन शक्ति है, जो सभी चीजों को सक्रिय करती है, हमारे भीतर प्रवाहित होती है, और हमें हर चीज और हर व्यक्ति से जोड़ती है। यह ऊर्जा हमारे शारीरिक शरीर तक सीमित नहीं है, बल्कि इससे परे फैली हुई है, हमारे भावनाओं, विचारों और आध्यात्मिक सार को समेटे हुए है। आत्मा, जिसे अक्सर दिव्य प्रकाश की एक चिंगारी के रूप में वर्णित किया जाता है, हमारे भीतर इस ऊर्जा की सर्वोच्च अभिव्यक्ति है। यह हमारा वह हिस्सा है, जो भौतिक दुनिया की सीमाओं को पार करता है, और अनंत संभावनाओं की एक बड़ी वास्तविकता से हमें जोड़ता है।

उच्चतर स्व की अवधारणा विभिन्न आध्यात्मिक परंपराओं में अलग-अलग रूपों में देखी जाती है, लेकिन इसे आम तौर पर हमारे अस्तित्व के सबसे प्रामाणिक और विकसित पहलू के रूप में समझा जाता है। यह हमारा वह हिस्सा है, जो सदा स्रोत ऊर्जा, उस दिव्य बुद्धिमत्ता से जुड़ा रहता है, जो संपूर्ण सृष्टि में व्याप्त है। उच्चतर स्व को अक्सर हमारे आंतरिक मार्गदर्शक, हमारे विवेकपूर्ण परामर्शदाता, और हमारी प्रेरणा और मार्गदर्शन के अंतिम स्रोत के रूप में वर्णित किया जाता है।

अपने उच्चतर स्व से जुड़ना आत्म-जागरूकता को गहराई से समझने और अपनी चेतना को विस्तारित करने की प्रक्रिया है। इसमें उन सीमित विश्वासों और पैटर्नों को पहचानना और छोड़ना शामिल है, जो हमें अपनी पूरी क्षमता तक पहुंचने से रोक सकते हैं। इसमें उन प्रथाओं को विकसित करना भी शामिल है, जो हमारे मन को शांत करने, हमारे हृदय को खोलने, और हमारी आंतरिक बुद्धिमत्ता से जुड़ने में मदद करती हैं।

ध्यान अपने उच्चतर स्व से जुड़ने के लिए सबसे शक्तिशाली उपकरणों में से एक है। अपने मन को स्थिर करके और अपने ध्यान को भीतर केंद्रित करके, हम अपनी आत्मा को हमसे संवाद करने के लिए एक स्थान बना सकते हैं। ध्यान के माध्यम से, हम जागरूकता के गहरे स्तर तक पहुंच सकते हैं, मार्गदर्शन और अंतर्दृष्टि प्राप्त कर सकते हैं, और अपने भीतर निवास करने वाले असीम प्रेम और ज्ञान से जुड़ सकते हैं।

प्रार्थना अपने उच्चतर स्व से जुड़ने का एक और तरीका है। चाहे हम किसी विशेष देवता से, ब्रह्मांड से, या केवल अपनी आंतरिक बुद्धिमत्ता से प्रार्थना करें, प्रार्थना हमें अपनी कृतज्ञता व्यक्त करने, मार्गदर्शन प्राप्त करने, और अपनी चिंताओं और चिंताओं को एक उच्च शक्ति के सामने समर्पित करने की अनुमति देती है। प्रार्थना के माध्यम से, हम उस असीम प्रेम और करुणा की शक्ति तक पहुंच सकते हैं, जो सदा हमारे लिए उपलब्ध है।

प्रकृति में समय बिताना भी हमारे उच्चतर स्व से संबंध को सुविधाजनक बना सकता है। प्रकृति प्रेरणा और उपचार का एक शक्तिशाली स्रोत है, जो हमें ब्रह्मांड के दिव्य क्रम की एक झलक प्रदान करती है। प्रकृति की सुंदरता और शांति में खुद को डुबोकर, हम अपने मन को शांत कर सकते हैं, अपने हृदय को खोल सकते हैं,

और अपनी आत्मा के सार से फिर से जुड़ सकते हैं।

सृजनात्मक अभिव्यक्ति भी अपने उच्चतर स्व से जुड़ने का एक मार्ग है। चाहे वह लेखन, चित्रकला, नृत्य, या किसी अन्य प्रकार की सृजनात्मक अभिव्यक्ति के माध्यम से हो, हम अपनी आंतरिक बुद्धिमत्ता को प्राप्त कर सकते हैं और अपनी आत्मा को हमारे माध्यम से बोलने दे सकते हैं। सृजनात्मक अभिव्यक्ति हमारी भावनाओं को व्यक्त करने, अवरोधित ऊर्जा को मुक्त करने, और हमारी गहरी इच्छाओं और आकांक्षाओं से जुड़ने का एक शक्तिशाली तरीका है।

ऊर्जा चिकित्सा पद्धतियां, जैसे रेकी, थैरेप्युटिक टच, और हीलिंग टच, भी हमारे उच्चतर स्व से संबंध स्थापित करने में सहायक हो सकती हैं। ये प्रथाएं सार्वभौमिक जीवन शक्ति ऊर्जा को चैनल करने में शामिल होती हैं, जो सभी स्तरों पर – शारीरिक, भावनात्मक, मानसिक, और आध्यात्मिक – उपचार और संतुलन को बढ़ावा देती हैं। इन ऊर्जाओं के साथ काम करके, हम अवरोधों को साफ कर सकते हैं, अपनी कंपन आवृत्ति को बढ़ा सकते हैं, और अपने उच्चतर स्व की बुद्धिमत्ता और मार्गदर्शन के लिए खुद को खोल सकते हैं।

जैसे-जैसे हम अपने उच्चतर स्व के साथ अपना संबंध गहरा करते हैं, हम अपने जीवन में उद्देश्य, अर्थ, और संतोष की एक बड़ी भावना का अनुभव कर सकते हैं। हम यह भी पा सकते हैं कि हमारा अंतर्ज्ञान मजबूत हो जाता है, हमारे रिश्ते अधिक सामंजस्यपूर्ण हो जाते हैं, और हमारी समग्र भलाई में सुधार होता है। अपने उच्चतर स्व की बुद्धिमत्ता और मार्गदर्शन के साथ तालमेल बिठाकर, हम एक ऐसा जीवन जी सकते हैं, जो अधिक प्रामाणिक, आनंदमय, और हमारे सच्चे उद्देश्य के अनुरूप हो।

"आपकी आत्मा, दिव्य प्रकाश की एक चिंगारी, आपका उच्चतर स्व और आपकी सच्ची प्रकृति है। ध्यान, प्रार्थना, और सृजनात्मक अभिव्यक्ति के माध्यम से इस आंतरिक बुद्धिमत्ता से जुड़ें।"

19

चिकित्सा का विकास: आधुनिक जीवन में ऊर्जा चिकित्सा का एकीकरण

चिकित्सा, जो मानव अस्तित्व की एक प्राकृतिक खोज है, प्राचीन काल से ही विकसित होती रही है, हर युग की बदलती ज़रूरतों और समझ के अनुसार खुद को ढालती रही है। आधुनिक जीवन के ताने-बाने में, जहां तकनीकी प्रगति और वैज्ञानिक खोजें अक्सर कथा के केंद्र में होती हैं, एक गहन बदलाव हो रहा है: प्राचीन ज्ञान और ऊर्जा चिकित्सा को मुख्यधारा की स्वास्थ्य देखभाल में शामिल करना। यह चिकित्सा का विकास आधुनिक चिकित्सा को खारिज करने वाला नहीं है, बल्कि एक पूरक दृष्टिकोण है, जो मन, शरीर और आत्मा की परस्पर जुड़ी प्रकृति को स्वीकार करता है और केवल लक्षणों को दबाने के बजाय बीमारी के मूल कारणों को संबोधित करने का प्रयास करता है।

ऊर्जा चिकित्सा की जड़ें प्राचीन सभ्यताओं में हैं, जहां चिकित्सक और शमन इस सूक्ष्म ऊर्जा के अस्तित्व को पहचानते थे, जो सभी जीवित प्राणियों के माध्यम से प्रवाहित होती है। इस जीवन शक्ति ऊर्जा, जिसे विभिन्न नामों जैसे "ची" या "प्राण" के रूप में जाना जाता है, को स्वास्थ्य और जीवन शक्ति के लिए आवश्यक माना जाता था। प्राचीन चिकित्सा पद्धतियां, जैसे एक्यूपंक्चर, आयुर्वेद, और पारंपरिक चीनी चिकित्सा, इस ऊर्जा प्रवाह में संतुलन और सामंजस्य बहाल करने पर केंद्रित थीं, ताकि सभी स्तरों पर उपचार को बढ़ावा दिया जा सके।

हालांकि इन प्राचीन पद्धतियों ने सदियों तक अपना स्थान बनाए रखा, लेकिन आधुनिक चिकित्सा के आगमन ने, जो वैज्ञानिक सटीकता और प्रमाण-आधारित उपचारों पर जोर देती है, पश्चिम में ऊर्जा चिकित्सा की लोकप्रियता में गिरावट ला दी। हालांकि, हाल के दशकों में इन प्राचीन विधियों में रुचि का पुनरुत्थान हुआ है, क्योंकि लोग स्वास्थ्य और भलाई के लिए ऐसे समग्र दृष्टिकोणों की तलाश कर रहे हैं, जो बीमारी के मूल कारणों को संबोधित करें, न कि केवल लक्षणों को दबाएं।

इस पुनरुत्थान को कई कारकों ने प्रेरित किया है। सबसे पहले, यह मान्यता बढ़ रही है कि आधुनिक चिकित्सा, तीव्र बीमारियों और चोटों के उपचार में प्रभावी होने के बावजूद, पुरानी बीमारियों और जटिल स्वास्थ्य समस्याओं को संबोधित करने में अक्सर विफल होती है। कई लोग ऊर्जा चिकित्सा की ओर रुख कर रहे हैं, जो उनके रोगों के मूल कारणों, जैसे तनाव, भावनात्मक आघात, और पर्यावरणीय विषाक्त पदार्थों को संबोधित करने के लिए एक पूरक उपचार के रूप में काम करती है।

दूसरा, ऊर्जा चिकित्सा की प्रभावशीलता का समर्थन करने वाले वैज्ञानिक प्रमाणों का एक बढ़ता हुआ भंडार है। अध्ययनों से पता चला है कि रेकी, एक्यूपंक्चर, और चिकित्सीय स्पर्श जैसी प्रथाएं दर्द, चिंता और तनाव को कम कर सकती हैं, प्रतिरक्षा प्रणाली को बढ़ावा दे सकती हैं, और कोशिका स्तर पर उपचार को बढ़ावा दे सकती हैं। इस शोध ने न केवल जनता बल्कि चिकित्सा समुदाय की नज़रों में ऊर्जा चिकित्सा को वैध बनाने में मदद की है, और इसे मुख्यधारा की स्वास्थ्य देखभाल में शामिल करने का मार्ग प्रशस्त किया है।

तीसरा, मन, शरीर और आत्मा की परस्पर जुड़ी प्रकृति के बारे में जागरूकता बढ़ रही है। आधुनिक चिकित्सा अक्सर शारीरिक शरीर पर ध्यान केंद्रित करती है, भावनात्मक और आध्यात्मिक आयामों की उपेक्षा करती है। दूसरी ओर, ऊर्जा चिकित्सा हमारे अस्तित्व के सभी पहलुओं की परस्पर जुड़ी प्रकृति को पहचानती है और बीमारी के मूल कारणों को सभी स्तरों पर संबोधित करने का प्रयास करती है।

आधुनिक जीवन में ऊर्जा चिकित्सा का एकीकरण बिना चुनौतियों के नहीं है। मुख्य बाधाओं में से एक ऊर्जा चिकित्सा चिकित्सकों के लिए मानकीकृत प्रशिक्षण और प्रमाणन की कमी है। पारंपरिक चिकित्सकों के विपरीत, जो कठोर प्रशिक्षण और लाइसेंसिंग प्रक्रियाओं से गुजरते हैं, ऊर्जा चिकित्सा चिकित्सक अक्सर विविध पृष्ठभूमियों से आते हैं और उनके पास विशेषज्ञता के विभिन्न स्तर हो सकते हैं। इससे रोगियों के लिए एक योग्य चिकित्सक चुनना मुश्किल हो सकता है और चिकित्सा समुदाय में संशय और अविश्वास को जन्म दे सकता है।

एक अन्य चुनौती ऊर्जा चिकित्सा उपचारों के लिए बीमा कवरेज की कमी है। कई बीमा कंपनियां ऊर्जा चिकित्सा को स्वास्थ्य देखभाल के एक वैध रूप के रूप में मान्यता नहीं देती हैं, जिससे यह उन कई लोगों के लिए दुर्गम हो जाती है, जो अपनी जेब से भुगतान करने में सक्षम नहीं हैं।

इन चुनौतियों के बावजूद, आधुनिक जीवन में ऊर्जा चिकित्सा का एकीकरण गति पकड़ रहा है। कई अस्पताल और क्लीनिक अब रेकी, एक्यूपंक्चर, और मालिश जैसी पूरक चिकित्सा पद्धतियां पारंपरिक उपचारों के साथ पेश कर रहे हैं। कुछ चिकित्सा विद्यालय भी अपनी पाठ्यक्रम में ऊर्जा चिकित्सा को शामिल कर रहे हैं, यह मानते हुए कि यह रोगी देखभाल को बढ़ाने और परिणामों में सुधार करने की क्षमता रखती है।

चिकित्सा का विकास एक सतत प्रक्रिया है, खोज और एकीकरण की एक यात्रा। प्राचीन परंपराओं के ज्ञान को अपनाकर और उन्हें नवीनतम वैज्ञानिक प्रगति के साथ एकीकृत करके, हम स्वास्थ्य देखभाल का एक नया प्रतिमान बना सकते हैं, जो पूरे व्यक्ति – शरीर, मन, और आत्मा – को संबोधित करता है। उपचार के लिए यह समग्र दृष्टिकोण हमारे जीवन, हमारे समुदायों, और हमारी दुनिया को बदलने की क्षमता रखता है, सभी के लिए एक स्वस्थ, खुशहाल, और अधिक सामंजस्यपूर्ण भविष्य बनाता है।

"चिकित्सा का विकास प्राचीन ज्ञान और आधुनिक विज्ञान के बीच एक नृत्य है। दोनों को अपनाएं, उनके शिक्षाओं को एकीकृत करें, और भलाई के लिए एक समग्र दृष्टिकोण का मार्ग प्रशस्त करें।"

◠

20

चिकित्सक की यात्रा: विकास और सेवा का आजीवन पथ

चिकित्सक का पथ केवल एक पेशा या कौशल का समूह नहीं है, बल्कि यह विकास, परिवर्तन, और दूसरों की सेवा की आजीवन यात्रा है। यह एक पुकार है, जो व्यक्तियों को उनके पूर्णतम संभावनाओं में प्रवेश करने, उनकी अंतर्निहित चिकित्सा क्षमताओं को जागृत करने, और अपनी प्रतिभाओं को दुनिया के साथ साझा करने के लिए आमंत्रित करती है। चिकित्सक की यात्रा एक घुमावदार मार्ग है, जो चुनौतियों, विजय, और गहन आत्म-अन्वेषण से भरा हुआ है, और जो जीवन को अर्थ, उद्देश्य, और मानवीय आत्मा से गहरे संबंध की ओर ले जाता है।

यह यात्रा एक चिंगारी से शुरू होती है, एक आंतरिक ज्ञान, जो हमें चिकित्सा के रहस्यों की खोज करने और अपने जीवन को दूसरों की सेवा के लिए समर्पित करने के लिए बुलाती है। यह प्रारंभिक चिंगारी किसी व्यक्तिगत उपचार अनुभव, दूसरों की मदद करने की इच्छा, या स्वयं से परे किसी महान चीज़ से जुड़ने की गहरी लालसा से प्रज्वलित हो सकती है। इसकी उत्पति चाहे जो भी हो, यह चिंगारी हमारे भीतर एक आग जलाती है, जो हमें अन्वेषण और खोज के मार्ग पर आगे बढ़ने के लिए प्रेरित करती है।

चिकित्सक की यात्रा के प्रारंभिक चरण अक्सर ज्ञान की प्यास और विभिन्न

चिकित्सा पद्धतियों में गहराई से उतरने के द्वारा चिह्नित होते हैं। हम आयुर्वेद, पारंपरिक चीनी चिकित्सा, या शमनवाद जैसी प्राचीन परंपराओं का अन्वेषण कर सकते हैं, या रेकी, चिकित्सीय स्पर्श, या ऊर्जा मनोविज्ञान जैसी आधुनिक प्रथाओं में गहराई तक जा सकते हैं। हम कार्यशालाओं में भाग ले सकते हैं, किताबें पढ़ सकते हैं, या ऐसे मार्गदर्शक खोज सकते हैं, जो हमें हमारे मार्ग पर निर्देशित कर सकें। सीखने और अन्वेषण की यह अवधि चिकित्सा के सिद्धांतों और प्रथाओं में एक मजबूत आधार विकसित करने के लिए आवश्यक है।

जैसे-जैसे हम अपने ज्ञान और समझ को गहरा करते हैं, हम विभिन्न पद्धतियों के साथ प्रयोग करना शुरू करते हैं, यह खोजते हुए कि कौन-सी हमारे साथ सबसे अधिक गहराई से प्रतिध्वनित होती है। हो सकता है कि हमें हैंड्स-ऑन हीलिंग तकनीकों, जैसे मालिश या रेकी, की ओर झुकाव हो, या हम प्रार्थना या इरादे के माध्यम से ऊर्जा के साथ दूर से काम करना पसंद करें। हम यह भी खोज सकते हैं कि हमें कुछ विशेष प्रकार के ग्राहकों या स्थितियों के प्रति विशेष झुकाव है। यह प्रयोग और आत्म-अन्वेषण की प्रक्रिया हमें अपनी क्षमताओं को परिष्कृत करने और एक चिकित्सक के रूप में अपनी अनूठी शैली विकसित करने में मदद करती है।

जैसे-जैसे हम अनुभव और आत्मविश्वास प्राप्त करते हैं, हम अपने उपहारों को उन लोगों के साथ साझा करना शुरू करते हैं, जो उपचार और परिवर्तन की तलाश में हैं। यह एक विनम्र और संतोषजनक अनुभव हो सकता है, क्योंकि हम उपचार ऊर्जा की शक्ति को जीवन बदलते हुए देखते हैं। हम ग्राहकों के साथ एक-के-बाद-एक, समूह सेटिंग्स में, या यहां तक कि दूरस्थ रूप से भी काम कर सकते हैं। हम शारीरिक उपचार, भावनात्मक उपचार, या आध्यात्मिक मार्गदर्शन जैसे विशेष क्षेत्रों में विशेषज्ञता चुन सकते हैं।

चिकित्सक की यात्रा चुनौतियों के बिना नहीं है। हमें दोस्तों, परिवार, और यहां तक कि चिकित्सा समुदाय सहित अन्य लोगों से संदेह, शंका, या प्रतिरोध का सामना करना पड़ सकता है। हमें अपने भीतर के डर, आत्म-संदेह, और धोखेबाज सिंड्रोम जैसी आंतरिक बाधाओं का भी सामना करना पड़ सकता है। ये चुनौतियां नेविगेट करने में कठिन हो सकती हैं, लेकिन वे विकास और सीखने के अवसर भी प्रदान करती हैं। अपने भय और संदेहों का सामना करके, हम अपने संकल्प को मजबूत

कर सकते हैं, अपनी क्षमताओं में विश्वास को गहरा कर सकते हैं, और अधिक लचीले और करुणामय चिकित्सक के रूप में उभर सकते हैं।

जैसे-जैसे हम अपनी यात्रा पर आगे बढ़ते हैं, हमें गहरे स्तर के उपचार, जैसे पैतृक उपचार, पिछले जीवन की पुनरावृत्ति, या शमन यात्रा की ओर आकर्षित किया जा सकता है। हम सभी चीजों की परस्पर जुड़ी प्रकृति की गहरी समझ भी विकसित कर सकते हैं, यह पहचानते हुए कि हमारा स्वयं का उपचार ग्रह और उसके सभी निवासियों के उपचार से अविभाज्य रूप से जुड़ा हुआ है।

चिकित्सक की यात्रा एक रैखिक पथ नहीं है, बल्कि एक सर्पिल है, जो सीखने, विकास, और सेवा का एक सतत चक्र है। जैसे-जैसे हम चिकित्सक के रूप में विकसित होते हैं, हम मनुष्यों के रूप में भी विकसित होते हैं, उन पुराने पैटर्न और विश्वासों को त्यागते हैं, जो अब हमारी सेवा नहीं करते, और उन नए तरीकों को अपनाते हैं, जो हमारे सर्वोच्च उद्देश्य के साथ मेल खाते हैं।

अंततः, चिकित्सक की यात्रा प्रेम, करुणा, और दूसरों की सेवा का मार्ग है। यह एक पुकार है, जो हमें अपनी पूर्णतम क्षमता में प्रवेश करने, अपने अनूठे उपहारों को अपनाने, और उन्हें दुनिया के साथ साझा करने के लिए आमंत्रित करती है। जैसे-जैसे हम इस पथ पर चलते हैं, हम यह खोजते हैं कि सच्चा चिकित्सक हम सभी के भीतर निवास करता है, जागृत होने और मुक्त होने की प्रतीक्षा करता है।

"चिकित्सक की यात्रा एक आजीवन तीर्थयात्रा है, आपकी सच्ची क्षमता का एक सतत अनावरण। चुनौतियों को गले लगाएं, जीत का जश्न मनाएं, और खुले दिल से सेवा करें।"

21
सारांश

ऊर्जा, वह जीवन शक्ति जो संपूर्ण सृष्टि को सक्रिय करती है, एक गहरा और बहुआयामी सिद्धांत है, जो केवल भौतिकी के दायरे तक सीमित नहीं है। यह एक जीवंत धागा है, जो हमारे शारीरिक, भावनात्मक, मानसिक, और आध्यात्मिक अनुभवों को जोड़ता है, हमारी वास्तविकता को आकार देता है और हमारे कल्याण को प्रभावित करता है।

हमारे ऊर्जात्मक अस्तित्व के केंद्र में ऊर्जा केंद्रों, चैनलों और क्षेत्रों की एक जटिल और परस्पर जुड़ी हुई प्रणाली है। चक्र, जो रीढ़ के साथ घूमते हुए ऊर्जा के भंवर हैं, हमारे शारीरिक, भावनात्मक, और आध्यात्मिक स्वास्थ्य के विभिन्न पहलुओं को नियंत्रित करते हैं। मेरिडियन, जो हमारे शरीर के माध्यम से नदियों की तरह बहते हैं, प्रत्येक कोशिका और अंग को जीवन शक्ति ऊर्जा पहुंचाते हैं। आभा, जो हमारे शरीर के चारों ओर एक विद्युत चुम्बकीय क्षेत्र है, हमारे आंतरिक स्थिति को प्रतिबिंबित करती है और दूसरों और पर्यावरण की ऊर्जा के साथ संपर्क करती है। इस ऊर्जात्मक शरीर रचना को समझना संतुलन बनाए रखने और सभी स्तरों पर उपचार को बढ़ावा देने के लिए महत्वपूर्ण है।

ग्राउंडिंग और सेंटरिंग ऊर्जा कार्य में मौलिक अभ्यास हैं, जो सूक्ष्म ऊर्जाओं तक पहुंचने और उनके साथ काम करने के लिए एक स्थिर आधार प्रदान करते हैं। ग्राउंडिंग हमें पृथ्वी की स्थिर ऊर्जा से जोड़ती है, जबकि सेंटरिंग हमें हमारे आंतरिक कोर के साथ संरेखित करती है, हमारे आंतरिक और बाहरी संसारों के बीच एक सामंजस्यपूर्ण संतुलन बनाती है। ये अभ्यास हमारे दैनिक जीवन और

ऊर्जा चिकित्सा सत्रों के दौरान स्पष्टता, ध्यान, और उपस्थिति बनाए रखने के लिए आवश्यक हैं।

ऊर्जात्मक संवेदनशीलता, या क्लैरसेंटियंस, हमारी शारीरिक और अंतर्ज्ञान इंद्रियों के माध्यम से सूक्ष्म ऊर्जाओं को महसूस करने और उनकी व्याख्या करने की क्षमता है। इस प्राकृतिक क्षमता को माइंडफुलनेस, ध्यान, प्रकृति में समय बिताने, और क्रिस्टल और ध्वनि चिकित्सा के साथ काम करने के माध्यम से विकसित किया जा सकता है। अपनी ऊर्जात्मक संवेदनशीलता को विकसित करके, हम अपने, दूसरों, और हमारे चारों ओर की दुनिया के बारे में मूल्यवान अंतर्दृष्टि प्राप्त कर सकते हैं और अपनी अंतर्निहित चिकित्सा क्षमताओं को सक्रिय कर सकते हैं।

अवरोधों को दूर करना और संतुलन बनाए रखना ऊर्जात्मक सामंजस्य बनाए रखने के लिए आवश्यक अभ्यास हैं। श्वास तकनीक, दृश्य-रचना, ध्वनि चिकित्सा, क्रिस्टल चिकित्सा, और ऊर्जा चिकित्सा जैसी तकनीकें अवरोधों को दूर करने, संतुलन बहाल करने, और हमारे शरीर के माध्यम से ऊर्जा के सहज प्रवाह को बढ़ावा देने में मदद कर सकती हैं। अपनी ऊर्जा को नियमित रूप से साफ और संतुलित करके, हम बीमारियों को रोक सकते हैं, अपने कल्याण को बढ़ा सकते हैं, और अपने और अपने आस-पास की दुनिया के साथ अपने संबंध को गहरा कर सकते हैं।

हैंड्स-ऑन हीलिंग, जो स्पर्श की उपचार शक्ति का उपयोग करती है, विभिन्न संस्कृतियों में सदियों से प्रचलित है। यह अभ्यास चिकित्सक को अपनी ऊर्जा हाथों के माध्यम से प्राप्तकर्ता तक पहुंचाने में सक्षम बनाता है, जिससे विश्राम, दर्द से राहत, और सभी स्तरों पर उपचार को बढ़ावा मिलता है। रेकी, चिकित्सीय स्पर्श, और अन्य हैंड्स-ऑन हीलिंग पद्धतियां शरीर की ऊर्जा प्रणाली में संतुलन और सामंजस्य बहाल करने का एक कोमल लेकिन प्रभावी तरीका प्रदान करती हैं।

डिस्टेंस हीलिंग, जो ऊर्जा चिकित्सा का एक आकर्षक और अक्सर गलत समझा जाने वाला पहलू है, भौतिक सीमाओं को पार कर उपचार ऊर्जा को दूर स्थित जरूरतमंदों तक पहुंचने की अनुमति देती है। इरादे पर ध्यान केंद्रित करके और

प्राप्तकर्ता को उपचार ऊर्जा प्राप्त करते हुए कल्पना करके, चिकित्सक इस ऊर्जा को स्थानांतरित कर सकते हैं, जहां इसे प्राप्तकर्ता की ऊर्जा प्रणाली द्वारा प्राप्त और उपयोग किया जाता है। डिस्टेंस हीलिंग का उपयोग शारीरिक, भावनात्मक, और आध्यात्मिक मुद्दों की एक विस्तृत श्रृंखला को संबोधित करने के लिए किया जा सकता है, और यह हमारे सभी प्राणियों के साथ परस्पर जुड़ाव की एक शक्तिशाली याद दिलाती है।

क्रिस्टल और रत्न, पृथ्वी के उज्ज्वल खजाने, अपनी अनूठी कंपनात्मक सार को धारण करते हैं, जिसका उपयोग उपचार और परिवर्तन के लिए किया जा सकता है। प्रत्येक क्रिस्टल में विशिष्ट गुण होते हैं, जिन्हें अवरोधों को साफ करने, ऊर्जा केंद्रों को संतुलित करने, और विभिन्न स्तरों पर उपचार को बढ़ावा देने के लिए उपयोग किया जा सकता है। क्रिस्टल और रत्नों के साथ काम करके, हम पृथ्वी की ऊर्जा का दोहन कर सकते हैं और अपने कल्याण को बढ़ा सकते हैं।

ध्वनि चिकित्सा, एक प्राचीन और शक्तिशाली विधि, मन, शरीर, और आत्मा को सामंजस्य बनाने के लिए ध्वनि के कंपन का उपयोग करती है। सिंगिंग बाउल्स, ट्यूनिंग फोर्क्स, गोंग्स, और अन्य उपकरण विशिष्ट आवृत्तियों का उत्पादन करते हैं, जो हमारे शरीर और ऊर्जा क्षेत्र के विभिन्न हिस्सों के साथ प्रतिध्वनित होते हैं, विश्राम को बढ़ावा देते हैं, तनाव को छोड़ते हैं, और उपचार को उत्तेजित करते हैं। ध्वनि चिकित्सा का उपयोग शारीरिक दर्द से लेकर भावनात्मक आघात तक की समस्याओं को संबोधित करने के लिए किया जा सकता है, और यह भलाई के लिए एक अद्वितीय और सुलभ मार्ग प्रदान करती है।

प्रकृति, सभी जीवन का स्रोत, हमारी आधुनिक बीमारियों के लिए एक गहरा उपचार बाम प्रदान करती है। प्रकृति में समय बिताकर, ग्राउंडिंग का अभ्यास करके, और पृथ्वी की ऊर्जा से जुड़कर, हम तनाव को कम कर सकते हैं, अपनी प्रतिरक्षा प्रणाली को बढ़ावा दे सकते हैं, और अपने समग्र कल्याण को बढ़ा सकते हैं। प्रकृति हमें सभी जीवित प्राणियों के साथ हमारे परस्पर संबंध की भी याद दिलाती है और प्राकृतिक दुनिया की सुंदरता और प्रचुरता के लिए प्रशंसा, विस्मय, और कृतज्ञता की भावना को प्रेरित कर सकती है।

ऊर्जा और भावनाओं के बीच का गहरा संबंध हमारे समग्र कल्याण में महत्वपूर्ण

भूमिका निभाता है। हमारी भावनाएं केवल अमूर्त अवधारणाएं नहीं हैं, बल्कि ऊर्जा के गतिशील अभिव्यक्ति हैं, जो हमारे भीतर कंपन करती हैं और बाहर की ओर विकिरण करती हैं। इस कड़ी को समझकर, हम अपनी भावनाओं को अधिक प्रभावी ढंग से प्रबंधित करना, सकारात्मक भावनाओं को विकसित करना, और नकारात्मक ऊर्जा को छोड़ना सीख सकते हैं, जो हमारे विकास और भलाई को बाधित कर रही हो।

आंतरिक ज्ञान, या अंतर्ज्ञान, एक शक्तिशाली मार्गदर्शक है, जो हमें जीवन की चुनौतियों को नेविगेट करने और ऐसे विकल्प चुनने में मदद करता है, जो हमारे उच्चतम कल्याण के साथ संरेखित होते हैं। ध्यान, प्रार्थना, और सृजनात्मक अभिव्यक्ति जैसी प्रथाओं के माध्यम से, हम अपने अंतर्ज्ञान के साथ संबंध को गहरा कर सकते हैं और उस गहरे ज्ञान तक पहुंच सकते हैं, जो हमारे भीतर निवास करता है।

ऊर्जा, कर्म, और आत्मा के बीच की यह यात्रा हमें स्वयं और संसार के साथ गहरे सामंजस्य की ओर ले जाती है।

उद्धरण और संदर्भ

यह पुस्तक व्यापक अनुसंधान और सूक्ष्म विश्लेषण का परिणाम है, जिसमें विभिन्न स्रोतों जैसे अनेक पुस्तकों, विद्वानों के अध्ययन और व्यक्तिगत अनुभवों को सम्मिलित किया गया है। इसके अतिरिक्त, मैंने इस कार्य को संकलित करने के लिए प्रासंगिक जानकारी और आंकड़े जुटाने हेतु विभिन्न वेबसाइटों की भी खोज की है। मैंने प्रस्तुत जानकारी की सटीकता सुनिश्चित करने के लिए हर संभव प्रयास किया है और सभी स्रोतों का विधिपूर्वक उल्लेख किया है ताकि उनके योगदान को सम्मानित किया जा सके।

इन प्रयासों के बावजूद, अनजाने में त्रुटियाँ होने की संभावना बनी रहती है। मैं अपने पाठकों के विचारों को अत्यधिक महत्व देता हूँ और किसी भी ऐसी त्रुटि की पहचान करने और उसे सुधारने के लिए आपके फीडबैक का स्वागत करता हूँ। मैं आपसे आग्रह करता हूँ कि किसी भी प्रकार की विसंगतियों को मेरी जानकारी में लाएँ।

आपका फीडबैक न केवल स्वागत योग्य है बल्कि अत्यावश्यक भी है, क्योंकि यह वर्तमान संस्करण में सुधार लाने और भविष्य के संस्करणों की सामग्री को और बेहतर बनाने में मदद करेगा। मैं अपनी कृतियों में उच्चतम स्तर की सटीकता और विश्वसनीयता बनाए रखने के प्रति प्रतिबद्ध हूँ और आपके समर्थन और समझ के लिए धन्यवाद देता हूँ।

इसके अतिरिक्त, मैं संविधान के अनुच्छेद 19(1)(क) के तहत गारंटीकृत अभिव्यक्ति की स्वतंत्रता के सिद्धांत का दृढ़ता से पालन करती हूँ और अपने सभी पाठकों के विविध दृष्टिकोणों और अभिव्यक्तियों का सम्मान करता हूँ।

Other Books Of The Author

1. Empowering Minds: A Journey into Women's Self-Discovery and Power
2. The Dynamics of Motivation: Catalyzing Thought into Action
3. Meditation and Mental Well Being: The Path to Inner Peace and Clarity
4. The Psychology of Child Education: Nurturing Future Generations
5. Ethical Enlightenment: A Modern Guide to Living with Integrity
6. Voices of Empowerment: Stories of Women Rising Against Odds
7. Social Psychology in Everyday Life: Understanding Human Connections
8. The Essence of Motivational Speaking: Inspiring Change in Others
9. Balancing Acts: Women, Work, and the Will to Lead
10. Guiding with Grace: Raising Children with Compassion and Awareness
11. The Power of Positive Aging: Embracing Life After Fifty
12. Building Resilient Communities: Social Work in Action
13. The Ethical Educator: Principles for Teaching and Learning
14. Innovative solutions for Social Change: The Role of Social Psychology for crafting a Better World
15. The Ethics of Empathy: A Guide to Ethical Living
16. The Science of Empowering the Self: Navigating Life's Challenges with Psychological Wisdom
17. The Mindful Conscious Leader: Meditation Techniques for Modern Management
18. Pioneering Spirit: Women's Pathways to Leadership and Empowerment
19. Feeling to Healing: The Role of Emotional Intelligence in Child Development
20. Transformative Talks and Words of Inspiration: Insights into

67. Seeds of Empathy: Fostering Compassion in Young Hearts
68. The Reading Revolution: Inspiring a Love of Books in Children
69. The Learning Brain: Unlocking the Secrets of Student Success
70. Teaching for All: Differentiated Instruction Strategies
71. The Time Alchemist: Mastering Time Management for Peak Performance
72. The Resilience Factor: Transforming Setbacks into Stepping Stones
73. The Healing Touch of Nature: An Introduction to Naturopathy
74. Echoes of the Past: Healing Through Past Life Regression
75. The Spiritual Healer's Handbook: Exploring Energy Medicine
76. Crystal Clarity: Unveiling the Power of Gemstones
77. The Dream Weaver's Guide: Decoding the Language of Dreams
78. Emotional Alchemy: Transforming Pain into Power
79. Sonic Serenity: Harnessing Sound for Stress Relief
80. The Entrepreneur's Playbook: Launching Your Business with Confidence
81. Productivity Unleashed: Time Management Strategies for Entrepreneurs
82. The Problem Solver's Toolkit: Creative Solutions for Business Challenges
83. The Future is Now: Emerging Trends in Business
84. The Curious Explorer: A Child's Guide to Scientific Discovery
85. Digital Pioneers: Empowering Kids in the Tech World
86. The Young Philosopher's Guide: Exploring Life's Big Questions
87. Finding Your Voice: Communication Skills for Confident Kids
88. Nature's Playground: A Child's Guide to Outdoor Adventure
89. Growing a Greener Tomorrow: A Guide to Tree Planting & Conservation
90. Driving with Purpose: Ethical Choices on the Road
91. The Healing Touch: Cultivating Compassion in Healthcare
92. Navigating the Digital Landscape: Ethics in the Age of Social Media
93. The Ethical Closet: A Guide to Sustainable Fashion
94. The Mindful Voyager: Sustainable Travel Practices

Contact

Dr. Minakshi Bansal
Social Activist
Ahmedabad, Gujarat, Bharat
dhanyamfoundation@gmail.com

|| LOKAHA SAMASTHAHA SUKHINO BHAVANTU ||

• 135 •